성막에서 기도를 배우다

국제제자훈련원은 건강한 교회를 꿈꾸는 목회의 동반자로서 제자 삼는 사역을 중심으로
성경적 목회 모델을 제시함으로 세계 교회를 섬기는 전문 사역 기관입니다.

성막에서 기도를 배우다

초판 1쇄 인쇄 2025년 11월 14일
초판 1쇄 발행 2025년 11월 21일

지은이 김성일

펴낸이 오정현
펴낸곳 국제제자훈련원
등록번호 제2013-000170호(2013년 9월 25일)
주소 서울시 서초구 효령로68길 98(서초동)
전화 02)3489-4300   **팩스** 02)3489-4329
이메일 dmipress@sarang.org

ISBN 978-89-5731-933-8 03230

※ 책값은 뒤표지에 있습니다. 잘못된 책은 구입하신 곳에서 교환해드립니다.

일상을 기도로 바꾸는 8가지 발걸음

성막에서 기도를 배우다

김성일 지음

일상의 모든 순간을
하나님의 임재로 바꾸는 8단계 기도의 길!

국제제자훈련원

그리스도인에게 주신 특권인 기도는 하나님과 깊은 관계로 들어가는 통로로서 영혼의 호흡이라고 불릴 만큼 중요합니다. 기도를 통해 하나님으로부터 삶의 인도를 받고 위로를 얻을 뿐 아니라 하나님 나라의 시역에 참여하는 힘을 얻게 됩니다.

예수 그리스도를 통해 하나님 앞에 나아가 기도할 수 있는 길이 열렸습니다. 구약 시대의 성막은 하나님께 나아가는 기도의 원형으로 예수님을 통해 하나님 앞에 나아갈 수 있음을 미리 알려주었다고 할 수 있습니다. 그런 점에서 "성막에서 기도를 배운다"는 것은 기도에 대해 바르게 배울 수 있는 가장 좋은 길이라고 할 수 있습니다.

이번에 김성일 목사님을 통해 이해하기 쉽게 쓴 책《성막에서 기도를 배우다》는 목회자나 성도들에게 기도를 바로 아는 데 큰 도움을 줄 것입니다. 이 책을 통해 기도의 능력을 경험하며 하나님의 은혜 가운데 거하게 될 것을 확신합니다. 목회자와 성도들이 꼭 읽어야 할 책으로 기쁨으로 추천합니다.

배창돈 (평택대광교회 원로목사)

저자는 공군 군종감으로서 25년 이상 군 선교 현장에서 사역하며, 영성과 지성을 함께 훈련해온 분입니다. 《성막에서 기도를 배우다》는 그러한 현장 경험과 오랜 영적 훈련이 녹아 있는 책으로 성막을 기도의 구조로 재해석한 깊이 있는 묵상의 결과물입니다.

출애굽기 25장부터 40장까지 기록된 성막은 저자의 손에서 쉽고 간결하게 구조화되고, 각 공간이 지닌 상징을 통해 깊은 기도의 메시지로 다시 태어납니다. 저자는 성막을 여덟 단계로 나누어 각 지점의 영적 의미를 기도에 담아냈습니다.

1. 성막 문: 감사의 기도

2. 성막 뜰: 찬양의 기도

3. 번제단: 회개와 자백의 기도

4. 물두멍: 묵상의 기도

5. 떡상: 간구의 기도

6. 금촛대: 사역의 기도

7. 분향: 중보의 기도

8. 지성소: 하나님의 임재 체험

성막은 출애굽한 이스라엘 백성이 광야에서 하나님을 만나고 그분의 임재를 경험한 이동식 성소입니다. "나는 너희 하나님이 되고, 너희는 나의 백성이 되리라"는 시내산 언약이 성막 안에서 매번 확인되었습니다. 하나님은 성막 안에 임재하셨고, 백성은 성막에서 하나님을 뵙고 예배했습니다. 성막은 하나님과 이스라엘을 잇는 언약의 상징적 공간이자 그들의 존재 이유와 신앙의 중심이었습니다.

성막은 구약 신앙의 핵심이자, 하나님이 모세에게 직접 천상의 설계를 보여주며 세우게 하신 거룩한 삶의 지도입니다. 오늘날 우리 또한 광야 같은 세상을 걸으며 성막의 기도를 통해 하나님의 임재를 체험하고 삶의 방향을 다시 세울 수 있습니다. 이 책은 독자들이 그 여덟 기도의 길을 따라가며 하나님과의 친밀한 동행 속으로 들어가는 데 길잡이요 영적 매뉴얼이 될 것을 확신합니다.

김삼환 (명성교회 원로목사, 군선교연합회 이사장)

오늘의 한국 교회에는 새로운 기도의 바람이 필요합니다. 기도의 자리가 회복될 때 교회는 다시 숨을 쉬고 영혼은 다시 살아납니다. 그런 점에서 김성일 목사님의《성막에서 기도를 배우다》는 이 시대에 하나님께서 보내주신 소중한 선물입니다.

저는 김성일 목사님을 가까이에서 지켜보며 저자의 삶 속에 배어 있는 성실한 성품과 깊은 영성 그리고 따뜻한 리더십에 큰 감동을 받아왔습니다. 목사님은 화려함보다는 진실함을, 빠른 성장보다는 깊은 뿌리를 귀하게 여기는 목회자입니다. 군 선교에 헌신하며 수많은 청년 장병을 복음으로 깨워 세우는 사역에 심혈을 기울였고 이 후에는 '제자 삼는 목회'에 전념하며 한 영혼을 그리스도의 제자로 세우는 일에 생명을 걸어왔습니다.

이 책은 단순한 기도의 안내서가 아닙니다. 성막 기도를 통해 하나님 임재의 길로 우리를 초대하는 영적 여정의 지도입니다. 성막의 문에서 지성소에 이르기까지 기도의 발걸음을 따라가다 보면 어느새 우리의 일상이 성소가 되고 우리의 삶이 예배가 되는 은혜를 경험하게 됩니다.

특별히 저는 이 책을 통해 한국 교회 안에 새로운 기도의 부흥이 일어나길 간절히 소망합니다. 형식적인 기도가 아니라 하나님과의 깊은 친밀함 속으로 들어가는 기도의 회복이 일어나길 바랍니다. 성막 기도는 우리의 굳어진 마음을 부드럽게 하고 무뎌진 영혼을 다시 살아나게 하는 은혜의 길이 될 것입니다.

김성일 목사님의 글에는 기도하는 목회자만이 쓸 수 있는 고백과 체험의 향기가 담겨 있습니다. 이 책을 읽는 모든 분의 마음 위에 성령의 불이 다시 타오르며 가정과 교회와 나라의 기도의 제단이 아름답게 회복되기를 축복합니다. 이 책이 많은 영혼에게 기도의 길을 밝히는 등불이 되기를 소망하며 기쁨과 감사함으로 추천합니다.

강준민 (L.A. 새생명비전교회 담임목사)

오늘 한국교회가 가장 시급히 회복해야 할 영역 중 하나는 바로 기도입니다. 우리는 풍성한 프로그램과 다양한 사역의 열매를 거두었지만 정작 기도의 무릎은 약해진 시대를 지나고 있습니다. 이러한 때에 이 책이 우리에게 주어진 것은 참으로 크고도 귀한 하나님의 은혜입니다.

저자는 성막의 깊은 신학적 의미를 단순한 해석에 머물지 않고, 실제 기도의 훈련 과정으로 풀어내어 독자들이 하나님 앞에 직접 나아가도록 이끕니다. 이 책은 기도에 관한 이론을 설명하는 데 그치지 않고 기도의 삶이란 무엇이며 어떻게 우리의 일상에서 살아 움직일 수 있는가를 생생하게 보여줍니다.

성막이라는 성경적 구조 안에서 진행되는 이 기도 여정은 단순한 영적 방법론이 아니라 하나님의 임재를 체험하는 실천적 영성의 길입니다. 독자는 이 책을 통해 머리로만 아는 기도를 넘어 실제로 무릎을 꿇고 하나님 앞에 서는 은혜의 자리에 이르게 될 것입니다. 특히 목회자와 사역자 그리고 다시금 기도의 불을 붙이고자 하는 모든 성도에게 이 책은 든든한 지침서이자 영적 동반자가 될 것입니다.

이 책을 통해 한국 교회의 기도 영성이 다시 타오르고, 가정과 교회와 민족 가운데 하나님의 거룩한 임재가 회복되기를 간절히 소망합니다. 본서를 기쁜 마음으로 추천합니다.

박성규 (총신대학교 총장)

중요한 가치들은 때로 관념적이고 모호하게 느껴질 때가 있습니다. 그래서 명확하게 풀어내는 작업이 필요합니다. 명쾌함의 유익은 바로 '선택할 수 있다'는 데 있습니다.

성막의 의미를 알고, 그곳에서 만나주시는 하나님을 아는 것은 우리의 신앙을 바로 세우는 일입니다. 성막에서 기도를 배운다는 사실이 얼마나 감사한 일인지요. 김성일 목사님이 말씀하신 대로 우리는 이를 매일 선택하고 훈련해야 합니다. 그 습관이 우리의 삶을 하나님의 축복을 담을 만한 크고 아름다운 그릇으로 빚어갈 것입니다. 이 책을 펼치는 순간 독자는 그 축복의 대로 위에 서게 될 것입니다.

서정인 (한국컴패션 대표, 목사)

우리는 모두 신앙의 여정을 걷는 순례자들입니다. 믿음은 단번에 완성되는 것이 아니라 때로는 광야와 같은 시간을 지나며 하나님의 임재를 경험하고 기도의 자리에서 자신을 새롭게 발견해가는 과정입니다. 《성막에서 기도를 배우다》는 이스라엘 백성이 광야에서 삶의 중심에 두었던 성막의 의미를 따라 신앙의 여정을 깊이 있게 풀어낸 책입니다. 저자 김성일 목사님은 성막의 각 부분에 담긴 의미를 기도의 단계로 풀어내며 독자가 자연스럽게 하나님께 나아가는 길을 따라가도록 인도합니다.

오늘날 우리는 쉽게 기도를 말하지만 정작 기도의 본질이 무엇인지 잊고 살아갑니다. 하나님과 만남, 자신을 낮추는 겸손, 타인을 향한 중보, 예배의 떨림 이 모든 것이 성막의 구조 안에 그리고 이 책 안에 고스란히 담겨 있습니다. 광야의 여정 속에서도 하나님을 예배했던 이스라엘처럼 오늘 우리도 이 책을 통해 일상의 한가운데서 성소의 기도를 회복하기를 바랍니다. 기도를 잃어버린 시대, 하나님께 나아가는 길을 다시 찾고자 하는 모든 이에게 이 책을 진심으로 추천합니다.

이영훈 (여의도순복음교회 위임목사)

기독교 신앙은 상징과 관련이 있습니다. 신앙의 본질, 그 알맹이는 하나님을 만나는 데 있습니다. 기독교 진리의 핵심은 언제나 하나님 체험과 맞닿아 있습니다. 그러나 하나님은 영이시기에 우리의 눈으로는 볼 수 없고 물리적인 감각으로는 파악할 수 없습니다. 그래서 하나님께서는 '거룩한 상징들'을 통해 우리를 만나주십니다. 한계 있는 인간이 지고(至高)의 영적 존재이신 하나님을 만날 수 있도록, 은혜의 통로를 마련해주신 것입니다.

구약의 성막은 그중에서도 가장 중심적인 상징입니다. 성막은 구약 전체를 관통하며 신약에서도 그 의미가 이어집니다. 특히 예수님께서 십자가에서 찢기신 몸을 통해 성막으로 들어가는 길을 여셨다는 복음서의 해석 그리고 히브리서가 보여주는 성막을 통한 십자가의 깊은 이해는 그 상징의 정점을 이룹니다.

김성일 목사님의 이 책은 그 성막의 신학적 깊이를 묵상과 기도의 흐름 속에 아름답게 담아냈습니다. 이 책을 따라 기도를 훈련한다면 독자는 영적 체험의 한층 깊은 자리로 나아가게 될 것입니다. 책의 내용이 김 목사님의 성품을 닮았습니다.

지형은 (말씀삶공동체 성락성결교회 담임목사)

지금 저는 개인 기도를 위해 조용한 기도의 처소에 머물며, 깊어가는 가을 앞에 서 있습니다. 그 시간에 펼친 《성막에서 기도를 배우다》는 제 영혼을 한층 더 깊은 울림으로 깨웁니다. 성막은 그 자체로 힘이 되고 위로가 되는 상징입니다. 하나님께서 모세를 부르실 때 "나는 산 위에서 너희를 기다리는 하나님이다"라고 하지 않으시고, "너희 가운데 성막을 지어라. 내가 산에서 내려가 너희와 함께 거하겠다"라는 뜻으로 말씀하셨습니다. 하나님은 친히 그 구조를 하나하나 그려주셨고, 그 안에는 천지를 창조하시던 하나님의 숨결이 고스란히 담겨 있습니다.

저자는 바로 그 숨결을 성막 안의 기도로 풀어냅니다. 기도로 하나님을 느끼고 만나고 만집니다. 독자들은 저자가 이끄는 여덟 단계의 기도 여정을 따라가면서 마침내 하나님의 가장 깊은 임재의 자리에 이르는 경험을 하게 될 것입니다.

김성일 목사님은 맑은 분입니다. 맑은 사람에게서 맑은 글이 나오고, 깊은 사람에게서 깊은 묵상이 나옵니다. 성막을 예배로 해석한 글은 많지만, 기도로 풀어낸 글은 드뭅니다. 마치 예수님께서 성전에 들어가 "내 집은 만민이 기도하는 집이라" 하신 말씀처럼 저자는 "성막은 만민이 기도하는 집이다"라고 외치며 우리를 초대합니다.

이제 우리의 몸이 곧 성전이 되었습니다. 우리 안에 날마다 임재하시는 하나님 앞에서, 삶의 모든 순간이 기도가 되길 바랍니다. 기도를 사모하고 배우기를 원하는 모든 분에게 이 책을 기쁘게 추천합니다.

최병락 (강남중앙침례교회 담임목사, 월드사역연구소 소장)

성막에서 새롭게 시작하는 기도의 길

이스라엘은 출애굽 이후 40년 동안 광야 생활을 하면서 성막을 중심에 두고 살아갔습니다. 성막은 단순히 천막으로 지어진 이동식 건물이 아니었습니다. 그들에게는 하나님의 임재가 머무는 거룩한 장소였고, 삶의 중심이었습니다. 이스라엘은 성막에서 하나님을 예배했고, 그곳에서 하나님의 영광을 경험했으며, 광야의 고난 속에서도 하나님의 인도하심을 매일 확인했습니다.

가나안 땅에 들어간 후에도 사무엘과 다윗 시대를 지나 솔로몬이 성전을 건축하기 전까지 성막은 여전히 하나님 백성이 예배하는 중심지였습니다. 성막은 한 시대의 유물이 아니라 그들에게 "하나님은 지금도 우리와 함께하신다"는 진리를 끊임없이 상기시키는 표징이었습니다.

무엇보다 성막은 모세가 시내산에서 40일 동안 하나님께 직접 받은 설계에 따라 세워졌습니다. 인간이 고안한 건축물이 아니라 하늘의 원형을 본떠 주신 하나님의 설계였습니다. 율법과 함께 성막의 설계도가 모세에게 주어졌다는 사실은 성막이 단순한 예배 장소를 넘어 하나님과의 만남, 회복과 헌신, 교제와 동행의 영적 지도를 담고 있음을 보여줍니다.

이 책은 바로 그 성막의 여정을 따라가며 각 장소에 담긴 기도의 의미를 되새기고자 합니다. 문에서 시작하여 지성소에 이르기까지 성막은 한 사람의 신앙 여정과 닮아 있습니다. 죄 사함의 은혜를 경험하고, 말씀으로 정결케 되며, 하나님의 임재 앞에 나아가는 과정은 기도의 길이자 믿음의 순례입니다.

이 책은 길게 잡아도 하루, 짧게는 한 시간 안에 다 읽을 수 있을 것입니다. 하지만 제 바람은 이 책이 단순히 한번 읽고 덮이는 글이 아니라 잠시 멈춰 묵상하며 드린 그 한걸음의 기도가 여러분의 신앙 여정 속에 오래도록 울림으로 남는 것입니다.

우리는 모두 천국이라는 영원한 약속의 땅을 향해 걸어가는 순례자들입니다. 때로는 광야 같은 길을 걸으며 지치고 힘겨울 때가 있지만 성막의 길을 따라 드리는 기도는 우리 일상을 성소로 바꾸고, 하나님의 임재와 동행을 경험하는 통로가 될 것입니다.

이제 이 책을 여는 순간 성막의 문 앞에 선 마음으로 자신을 준비해보십시오. 하나님께서 베푸신 은혜를 감사하며, 그분의 임재로 들어가는 기도의 여정을 함께 걷기를 소망합니다.

2025년 10월

저자 김성일 목사

추천의 글 _004

프롤로그 성막에서 새롭게 시작하는 기도의 길 _011

1___성막을 따라 드리는 기도의 여정 _016

2___1단계: 문 · 감사의 기도 _026

3___2단계: 성막의 뜰 · 찬양의 기도 _034

4___3단계: 번제단 · 자백의 기도 _042

5___4단계: 물두멍 · 묵상의 기도 _050

6___5단계: 진설병 상 · 간구의 기도 _060

7___6단계: 금촛대 · 사역의 기도 _072

8___7단계: 분향단 · 중보의 기도 _084

9___8단계: 지성소 · 예배의 기도 _096

10___일상에서의 성막 기도 _106

11___요약: 성막을 따라 드리는 기도의 실제 _118

에필로그 _125

1

성막을 따라 드리는
기도의 여정

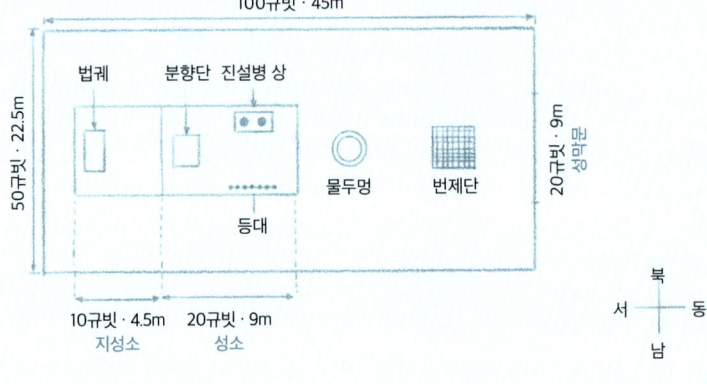

기독교 2,000년 역사 속에서 셀 수 없이 많은 가르침이 전해져왔습니다. 죄와 구속, 교회와 성령, 회개와 성화, 사랑과 섬김… 이 모든 주제는 시대마다 교회를 세우는 기둥이었습니다.

그러나 그 가운데, 예수님의 제자들이 주님께 직접 가르쳐달라고 청한 수업은 오직 하나였습니다. 그것은 능력의 비밀도, 설교의 기술도, 기적의 기법도 아니었습니다. 그들이 요청한 유일한 수업은 단 한 문장으로 요약됩니다.

"주여, 우리에게 기도하는 것을 가르쳐주옵소서"(눅 11:1).

그들은 병 고치는 손길을 배우고 싶다고 말하지 않았습니다. 하늘 문을 여는 놀라운 기적의 방식을 설명해달라고 요청하지 않았습니다. 심지어 복음 선포와 같은 가장 거룩한 사명조차 먼저 배우길 원하지 않았습니다.

1. 성막을 따라 드리는 기도의 여정

제자들의 눈과 마음을 사로잡은 것은 예수님의 기도하는 모습이었습니다. 기도가 예수님의 삶을 지탱하는 기초라는 것을 그들은 깨달았습니다. 기도가 하나님 나라의 능력을 여는 문이라는 것을 눈으로 확인했습니다. 그래서 그들은 감히 가장 중요한 것을 구했습니다.

"주님, 우리도 그렇게 기도하게 해주옵소서."
오늘 우리도 같은 자리에서 똑같이 고백합니다.
"주여, 우리에게 기도를 가르쳐주옵소서."

● 예수님의 삶과 기도의 자리

왜 제자들은 유독 기도에 대해 배우고자 했을까요? 이유는 명백합니다. 제자들은 누구보다 가깝게 예수님의 일상을 목격한 사람들입니다. 그들은 예수님의 사역이 시작되기 전, 요단강에서 기도로 숨을 들이시는 장면을 보았습니다. 새벽 아직 해가 떠오르기도 전에 한적한 곳을 찾아 무릎 꿇는 주님의 모습을 매일 보았습니다. 사람들이 박수 치고 몰려올 때도, 고독이 짙게 드리울 때도 예수님은 기도로 아버지께 향하셨습니다. 폭풍우 속에서 제자들이 두려움에 떨 때 주님은 산 위에서 기도하고 계셨습니다.

사람들은 기적의 결과에 감탄했지만 제자들은 기적의 근원을 보았습니다. 기도였습니다. 예수님이 선택하신 제자들 이름을 부르실 때도 기도하셨습니다. 병든 자를 고치시기 전에 기도하셨고, 오병이어의 떡을 떼시기 전에도 기도하셨습니다. 심지어 유다가 예수님을 찾았던 그 밤, 그는 어디에 계실지 분명히 알고 있었습니다. 주님의 눈물이 떨어진 겟세마네 그 자리, 곧 기도의 자리였습니다. 예수님의 삶은 기도로 시작해 기도로 흘러가고 기도로 완성되었습니다. 그분의 능력은 기도에서 흘러나왔고, 그분의 평안은 기도로 유지되었습니다.

제자들은 기도 없는 사역은 모래 위의 집이라는 것을 깨달았습니다. 그래서 그들은 주님께 기도의 길을 배웠던 것입니다.

기도의 어려움과 영적 전쟁

우리도 제자들과 다르지 않습니다. 기도가 중요한 것을 우리는 압니다. 그러나 중요한 것을 안다고 해서 쉽게 할 수 있는 것은 아닙니다. 기도하려는 순간 우리의 마음은 산만해지고 몸은 무거워집니다. 갑자기 해야 할 일이 떠오르고 전화가 울리고 마음이 분주해집니다.

왜 이런 일이 일어날까요? 기도는 단순한 종교적 말이 아니라 영적 전쟁의 최전선이기 때문입니다. 사탄은 우리가 바쁘게 사회활동 하는 것을 막지 않습니다. 봉사하고 프로그램을 진행하고 계획 세우는 것은 전혀 불편해하지 않습니다. 그러나 우리가 기도하려 무릎을 꿇는 순간 사탄은 긴장합니다. 기도는 하나님과 직접 연결되는 유일한 통로이며 하늘의 권세를 끌어오는 길이고 사탄의 계획을 무너뜨리는 능력이기 때문입니다.

사탄은 그래서 우리를 분주하게 만들고 '좋아 보이는 일들'로 기도의 자리를 빼앗으려 합니다. 언제나 '가장 좋은 것'을 놓치게 하기 위해 '그럴듯한 것들'을 내세웁니다. 영적 삶에서 가장 치열한 장소는 설교 강단도, 성경 공부 모임도 아닙니다. 기도의 자리입니다. 기억하십시오. 기도가 어려운 이유는 기도가 무력해서가 아니라 기도가 너무 강력하기 때문입니다.

● 성막에서 발견한 기도의 원리

몇 해 전, 이동원 목사님이 인도하신 성막기도 세미나에 참석하면서, 그리고 존 코슨Jon Courson의《성막을 따라 드리는 기도Praying Thru The Tabernacle》를 읽는 가운데 하나님께서 제 마음에 주신 특별한 깨달음을 경험했습니다. 그것은 "성막은 기도의 틀"이 될 수 있다는 통찰이었습니다.

성막은 출애굽기 25장부터 40장까지 이어지는 긴 본문 속에서 하나님께서 직접 모세에게 지시하신 이동식 성소입니다. 언뜻 보기에는 나무와 가죽으로 덮인 단순한 천막 같지만 그 안에는 하나님의 임재와 거룩한 질서 그리고 깊은 영적 원리가 담겨 있습니다. 성막은 하나님과 그의 백성이 만나는 자리였고 제사가 드려지고 기도가 올려지는 장소였습니다. 성막은 단순히 옛 제사의 장소가 아니었습니다. 그것은 하나님이 친히 디자인하신 '기도의 길'이었습니다. 그 안에는 하나님께 나아가는 영적 순서와 영혼의 흐름이 담겨 있습니다.

성막은 제사장이 하나님께 나아가는 길을 보여주었고, 오늘은 그 길이 기도의 질서로 우리에게 주어졌습니다. 성막을 묵상하며 기도하면 마음이 정돈되고 방향이 세워집니다. 감사로 시작하여 찬양으로 하늘 문을 열고 회개로 마음을 비우고 말씀으로 씻고 필요를 올려드리고 교회와 사역을 위해 중보하며 예배로 마무리됩니다. 이 모든 것은 단순한 외형이 아니라 하나님이 주신 영적 구조입니다.

성막은 사라졌지만 성막이 담고 있는 원리는 오늘도 살아 있습니다. 그것은 우리가 하나님께 나아가는 내면의 순례길입니다. 그것은 하나님의 임재를 향해 나아가는 여정을 상징하며 하나님을 만나기 위해 통과해야 할 단계들을 보여주는 영적 지도와 같습니다. 기도의 혼돈을 질서로 바꾸고 산만함을 집중으로 바꾸며 건조함을 은혜로 바꿉니다. 성막은 건물이 아니라 기도의 방향표입니다. 우리가 따라 걸을 길입니다.

● 성막은 영적 그림책

어린아이가 글보다 그림을 통해 진리를 이해하듯 하나님은 성막이라는 시각적 교과서를 통해 기도의 원리를 보여주셨습니다. 성경은 눈으로 보고 손으로 만질 수 있게 설계된 말씀 책입니다. 제사와 절기, 전쟁과 인물들의 삶에 이르기까지 하나님은 실제와 상징을 통해 우리에게 영적 진리를 가르치셨습니다.

성막은 그중에서도 탁월한 그림입니다. 성막은 단순히 고대의 예배 처소가 아니라 기도와 영적 삶을 배우는 교과서입니다. 그 안에는 기도의 본질과 실제적 훈련이 담겨 있으며 우리의 삶 속에 세워져야 할 기도의 모형을 보여줍니다. 그곳의 향기는 기도를 상징하고, 등불은 성령의 인도를 의미하고, 떡은 공급과 교제를 말합니다. 그 안의 물은 정결을, 번제단의 피는 용서를, 휘장은 거룩과 접근의 한계를 보여줍니다. 성막 전체가 한 메시지를 말합니다. "거룩하신 하나님께 나아오는 길은 은혜와 질서 안에 있다." 오늘 우리는 더 이상 성막 앞에 서지 않지만 성막의 진리는 여전히 우리의 기도 속에서 펼쳐집니다. 성막은 옛 건물이 아니라 현재의 기도 훈련 공간입니다. 하나님은 우리에게 이해보다 체험을 주기 원하십니다. 그래서 성막은 오늘도 "보며 배우는 기도 학교"입니다. 그리고 우리는 그 학교의 학생입니다.

● 성막 기도의 실제

성막의 여덟 지점은 기도의 여덟 걸음입니다.

문—감사로 시작합니다.
뜰—하나님의 이름을 찬양합니다.
번제단—죄를 자백하고 십자가의 은혜를 붙듭니다.
물두멍—말씀 앞에 나를 비추며 씻습니다.
진설병 상—필요를 올려드립니다.
금 등대—교회와 사역을 위해 중보합니다.
분향단—영혼들을 위해 간구하며 사랑을 실천합니다.
지성소　하나님 임재 앞에 잠잠히 예배합니다.

이 순서는 종교적 형식이 아니라 영혼이 살아나는 순서입니다. 실제로 우리가 따라 할 수 있는 기도의 훈련이며 신앙의 자리에서 매일 적용할 수 있는 순례입니다. 성막을 따라 걷는다는 것은 곧 기도의 삶을 배우고 하나님의 임재를 체험하는 구체적인 길입니다.

기도가 막히면 이 길을 걸으십시오. 기도가 메마르면 이 표지판을 따라가십시오. 하나님은 우리를 기도의 지성소로 이끌기 원하십니다. 우리는 그분의 부르심에 응답하며 한 걸음씩 나아가면 됩니다. 이 길은 은혜의 길이며, 만남의 길이며, 능력의 길입니다.

● 행하는 기도의 복

예수님은 이렇게 말씀하셨습니다.

"너희가 이것들을 알고 행하면 복이 있으리라"(요 13:17).

이 장에서 다룰 성막 기도의 여정은 단순히 이해하는 데 머물러서는 안 됩니다. 실제로 행해야 합니다. 그러므로 각 장을 읽고 바로 넘기지 마시고 반드시 그 자리에서 멈추어 해당 단계의 기도를 직접 실천해보십시오. 몇 마디라도 좋습니다. 중요한 것은 머리로 아는 것이 아니라, 실제로 무릎을 꿇는 것입니다.

기도는 읽어서 배우는 것이 아니라 드려 보며 배우는 영적 기술입니다. 기도는 가장 쉬워 보이지만 가장 어렵고 그러나 가장 영광스러운 길입니다. 기도는 하나님께서 주신 가장 큰 특권이자 능력입니다. 성막을 따라 드리는 기도는 단순한 형식이 아니라 하나님의 임재를 경험하는 살아 있는 길입니다. 이 책은 기도를 배우기 위한 안내서가 아니라 기도의 자리로 걸어가도록 돕는 지도와 초대장입니다.

이제 우리는 성막의 문 앞에 서 있습니다. 한 걸음씩 들어가며 하나님을 향한 영적 순례를 시작합시다. 기대하십시오. 기다리십시오. 기도의 여정 가운데 하나님께서 반드시 역사하실 것입니다. 주저하지 말고 한 걸음 들어가십시오. 감사로 시작되는 그 문을 밀고 들어가십시오. 하나님은 기다리고 계십니다. 당신이 기도의 자리에 앉는 그 순간 하늘은 움직입니다. 그리고 하나님은 반드시 응답하실 것입니다.

2

1단계: 문
감사의 기도

● ● ●

"감사함으로 그의 문에 들어가며….".
시편 100장 4절

이스라엘 백성이 광야에서 하나님을 예배하기 위해 세운 성막은 겉으로 보기에는 그리 크지 않았습니다. 가로 약 46미터, 세로 약 23미터 규모의 울타리 안에 세워진 천막이었습니다. 오늘날의 경기장과 비교한다면 그 규모는 훨씬 작고 소박했습니다.

그러나 잊지 말아야 합니다. 성막은 단순한 건축물이 아니었습니다. 그것은 하나님께서 직접 모세에게 보여주신 하늘의 원형을 따라 세워진 거룩한 모형이었습니다. 하나님은 성막 건축을 아무에게나 맡기지 않으셨습니다. 치수 하나, 재료 하나까지 세밀히 지시하셨습니다.

그럼에도 당시 약 200만에서 300만 명에 이르는 백성이 광야를 행진하고 있었다는 사실을 생각하면, 성막은 여전히 너무 작게 느껴집니다. 아마 모세는 속으로 이렇게 생각했을지 모릅

니다. '주님, 이 많은 백성이 예배드릴 성소가 이렇게 작아도 되겠습니까?'

하나님은 아마 이렇게 말씀하셨을 것입니다. "충분하다. 나를 찾는 자가 모두 오는 것은 아니다. 그러나 마음을 다해 나를 구하는 자는 내가 반드시 만나주리라."

이 말씀은 오늘 우리에게도 여전히 울림이 있습니다. 하나님의 임재는 언제나 열려 있지만 그 길을 실제로 선택하는 이는 소수입니다. 하나님께 가까이 나아가는 길은 누구에게나 열려 있지만 실제로 그 문을 통과하기 위해 시간을 내고 수고를 감수하는 사람은 많지 않습니다.

● 성막의 울타리와 제사장의 옷

성막은 정결한 베로 짠 하얀 세마포 휘장으로 사방이 둘러싸여 있었습니다. 높이 약 2.3미터의 이 울타리는 바깥세상과 성막의 거룩한 공간을 구분 짓는 경계선이었습니다.

에스겔 44장에 따르면 이 세마포는 제사장의 옷을 만드는 데에도 사용되었습니다. 하나님은 제사장들에게 양털 옷, 즉 땀

나는 옷을 입지 말라고 명하셨습니다. 왜 그랬을까요?

저는 이 말씀에서 놀라운 은혜를 발견합니다. 하나님은 그분께 드려지는 섬김이 억지와 무거운 부담이 아니라 기쁨과 자유 가운데 이루어지기를 원하셨습니다. 하나님은 피곤에 눌린 의무적인 섬김보다 사랑에서 흘러나오는 자발적인 헌신을 더 기뻐하십니다. 만약 우리가 감당하는 일이 무겁게만 느껴지고 의무감으로만 채워져 있다면 잠시 멈추어 점검해야 합니다. 그것이 정말 하나님께서 맡기신 일인지 아니면 우리 스스로 짊어진 짐은 아닌지 돌아봐야 합니다.

"내 멍에는 쉽고 내 짐은 가벼움이라"(마 11:30).

이 말씀은 단지 목회나 사역뿐만 아니라 기도의 자리에도 동일하게 적용됩니다. 하나님은 결코 우리에게 무거운 짐을 얹어 놓고 스스로 알아서 오라고 하지 않으십니다. 오히려 성막을 둘러싼 세마포 울타리는 "내 임재 안으로 들어오는 길을 너를 위해 활짝 열어두었다"라고 말씀하시는 듯합니다.

기도의 문을 여는 열쇠, 감사

그렇다면 이스라엘 백성은 어떻게 성막의 뜰로 들어갈 수 있었을까요? 성경은 분명히 말합니다.

"감사함으로 그의 문에 들어가며 찬송함으로 그의 궁정에 들어가[라]"(시 100:4).

성막에는 오직 한쪽에만 문이 있고 다른 길은 없었습니다. 그 문을 지나야만 하나님께 가까이 나아갈 수 있었습니다.

마찬가지로 우리의 기도 역시 감사로 시작됩니다. 감사는 하나님께 나아가는 첫걸음이며 기도의 문을 여는 열쇠입니다. 그래서 저는 기도를 시작할 때마다 의도적으로 감사를 고백합니다. 오늘도 숨 쉬고 있다는 사실, 하루를 선물로 받았다는 사실 그리고 십자가로 구원받아 하나님의 자녀가 되었다는 사실, 그 모든 것이 너무나 놀라운 은혜이기 때문입니다. 감사의 고백이 시작되면 제 마음속 눌림이 풀리고 영혼이 밝아집니다.

많은 성도가 저에게 묻습니다.

"하나님의 뜻이 무엇인가요?"

그때마다 저는 데살로니가전서 5장 18절을 인용합니다.

"범사에 감사하라. 이것이 그리스도 예수 안에서 너희를 향하신 하나님의 뜻이니라."

하나님께서 원하시는 첫 번째 뜻은 우리가 모든 일에서 감사하는 것입니다.

감사가 가져오는 자유

감사는 단지 있으면 살아가는 데 도움이 되는 좋은 태도가 아니라 탁월한 영적 능력입니다.

바울과 실라는 빌립보 감옥에서 이 능력을 체험했습니다. 복음을 전했다는 이유로 매를 맞고 깊은 감옥에 갇혔지만 그들은 원망 대신 하나님께 감사하며 찬송했습니다. 그리고 그 순간 옥문이 열렸습니다(행 16장).

감사는 감옥의 문을 여는 열쇠입니다. 감사의 입술이 열리면 우리 삶을 가두고 있던 우울과 절망의 문도 함께 열립니다. 감사는 자유를 가져오고, 하나님의 임재로 들어가는 첫걸음이 됩니다.

혹시 지금 마음이 감옥처럼 닫혀 있습니까? 그럴 때일수록 억지로라도 감사의 고백을 해보십시오. "하나님, 제가 아직 살아 있음에 감사합니다. 오늘도 제 곁에 함께 계심에 감사합니다." 한마디의 짧은 감사조차도 어둠을 밝히는 빛으로 임합니다.

감사를 선택하라

감사하는 사람은 언제나 마음이 넉넉합니다. 우리가 존경하는 믿음의 선배들을 떠올려보십시오. 그들의 삶에는 한결같이 '감사'가 있었습니다. 감사는 성령으로 충만한 사람의 증거이며, 평범한 신앙인을 하나님의 위대한 사람으로 변화시키는 힘입니다.

에베소서 5장 20절은 이렇게 말씀합니다. "범사에 우리 주 예수 그리스도의 이름으로 항상 아버지 하나님께 감사하며."

감사는 감정이 아니라 선택입니다. 누구나 현실의 어두운 면만 보면 낙심할 수 있습니다. 하지만 우리는 모든 일에서 하나님의 손길을 발견하고 감사하기로 결단할 수 있습니다. 감사는 상황을 바꾸기보다는 우리 자신을 변화시키는 능력입니다. 감사를 선택하는 순간 마음속 불평과 눌림은 사라지고 기도의 길은 한층 더 자유롭고 부드럽게 열립니다.

기도의 여정은 감사로 시작됩니다. 감사는 단순한 태도가 아니라 하나님의 임재로 들어가는 문이며 기도를 가능하게 하는 영적 열쇠입니다. 감사의 문을 열면 우리는 더 깊은 임재와 더 큰 기쁨, 더 자유로운 기도로 들어갑니다. 그리고 그곳에서 하나님의 은혜와 평안을 온전히 경험하게 될 것입니다.

성막에서 기도를 배우다

묵상 가이드

· 지난 한 주 동안 감사할 일이 있었습니까? 그 일을 통해 하나
  님께서 주신 깨달음은 무엇이었습니까?

· "감사함으로 그의 문에 들어가라"는 말씀을 어떻게 일상에 적
  용할 수 있을까요? 이 말씀을 실천하기 위해 내가 만들 수 있
  는 작은 습관은 무엇일까요?

3

2단계: 성막의 뜰
찬양의 기도

● ● ●

"… 찬송함으로 그의 궁정에 들어가서…."
시편 100장 4절

감사의 고백으로 성막의 문을 통과한 우리는 이제 찬양으로 성막의 뜰에 들어섭니다. 성막의 구조는 단순한 건축물이 아닙니다. 그것은 하나님께 가까이 나아가는 영적 순례의 여정을 상징합니다. 문을 통과하는 것은 시작에 불과합니다. 그다음 단계는 하나님의 궁정, 곧 찬양의 자리로 들어가는 일입니다.

● 감사와 찬양의 차이

감사는 하나님께서 나를 위해 행하신 일들에 대한 반응입니다.

"주님, 오늘 하루를 지켜주셔서 감사합니다."

"주님, 제 삶을 붙들어주셔서 감사합니다."

그러나 찬양은 한 걸음 더 나아갑니다. 찬양은 하나님이 그 자체로 어떤 분이신지를 고백하는 것입니다.

나는 먼저 그분이 나의 아버지이심을 선포하고, 그분의 성품을 하나씩 묵상하며 높여드립니다.

하나님의 아름다우심, 순결하심, 우주 만물을 지으신 창조주의 능력, 죄인을 용서하시는 자비와 한없는 은혜, 끝까지 포기하지 않으시는 사랑, 어제나 오늘이나 동일하신 신실하심, 변함없는 거룩함과 인자하심까지….

하나님은 그 모든 성품으로 찬양받기에 합당한 분이십니다.

● 찬양은 누구를 위한 것인가

그렇다면 왜 하나님은 우리가 그분을 찬양하길 원하실까요? 하나님이 우리의 찬양을 통해 위로를 얻으셔야 하기 때문일까요? 우리가 찬양하지 않으면 자존감이 흔들리시기 때문일까요?

결코 그렇지 않습니다.

하나님은 완전하신 분이십니다. 어떤 부족함도 어떤 결핍도 없는 분이십니다. 따라서 우리가 드리는 찬양은 하나님을 위한 것 같지만 사실은 우리 자신을 위한 것입니다. 찬양은 우리 마음을 새롭게 하고 기도의 자리에서 흔들리던 믿음을 굳게 붙들 수 있게 도와줍니다. 찬양은 우리가 누구에게 기도하는지를 분명히 알게 하며, 우리의 시선을 문제에서 하나님께로 돌려주는 영적 전환의 통로입니다.

기도 중 마음이 흔들리고 불안이 몰려올 때가 있습니다. 그러나 그때 찬양하기 시작하면 우리의 시선은 두려움에서 하나님께로 향하게 됩니다. 찬양은 내 삶의 주권이 하나님께 있음을 다시 깨닫게 하고 그분이 전능하신 분이심을 선포하게 합니다. 그 순간 문제는 점점 작아지고 마음에는 확신이 피어납니다. 하나님께서 나의 기도를 들으시고 반드시 응답하신다는 믿음입니다.

● 찬양의 능력: 하늘의 문을 여는 노래

찬양은 우리의 마음을 고요하게 만들고 닫혀 있던 하늘의 문을 열어줍니다. 무겁게 느껴졌던 짐도 하나님을 찬양하는 순간 가벼워집니다. 그분 앞에서는 어떤 짐도 넘을 수 없는 산이 아님을 우리는 깨닫습니다.

성경은 찬양의 능력을 수많은 사건을 통해 증언합니다. 그 중 대표적인 이야기가 역대하 20장에 등장하는 여호사밧 왕의 전투입니다. 유다는 암몬과 모압, 에돔의 연합군에게 포위되어

절체절명의 위기를 맞았습니다.

그러나 여호사밧은 두려워하는 대신 하나님께 무릎을 꿇었고, 하나님은 선지자 야하시엘을 통해 말씀하셨습니다.

"이 전쟁은 너희에게 속한 것이 아니요 하나님께 속한 것이니라"(대하 20:15).

그 말씀을 믿은 여호사밧은 전쟁터로 나아가면서 가장 앞줄에 군사 대신 찬양대를 세웠고 그들은 외쳤습니다.

"여호와께 감사하라, 그의 인자하심이 영원하도다!"

놀랍게도 그 찬양이 울려 퍼지는 순간, 적군 진영에서는 혼란이 일어나 서로 공격하다 스스로 무너졌습니다. 하나님께서 친히 그 전쟁을 대신 싸우셨습니다. 승리는 군사력이나 전략이 아니라 찬양에서 비롯되었습니다.

● 오늘 우리의 삶에서도 같은 일이 일어납니다

두려움과 우울, 불안과 고독, 사탄의 정죄와 속임이 우리를 에워쌀 때 우리가 하나님을 찬양하기 시작하면 어둠은 힘을 잃고 흩어집니다. 찬양은 단순한 노래가 아닙니다. 하나님의 임재를 불러오는 영적 무기이며 마음의 전쟁을 승리로 바꾸는 소리입니다.

왜 사탄은 찬양을 싫어하는가

사탄은 찬양을 견디지 못합니다. 그 이유는 그의 과거와 깊이 관련되어 있습니다. 사탄은 원래 '루시퍼', 곧 빛의 천사였습니다. 그는 하늘에서 하나님을 찬양하는 가장 영광스러운 존재였지만 자신을 높이려는 교만으로 타락하여 쫓겨났습니다.

그렇기에 지금 우리가 드리는 찬양은 그에게 있어 견디기 힘든 소리입니다. 그것은 그가 잃어버린 자리, 한때 자신이 섰던 영광의 자리를 떠올리게 하기 때문입니다. 마치 칠판을 긁는 소리처럼, 치과 드릴이 신경을 자극하듯, 찬양은 사탄을 괴롭히는 소리입니다. 그래서 우리가 찬양하기 시작하면 그가 만든 혼란과 눌림은 무너지고 그의 세력은 힘을 잃고 물러납니다.

찬양은 하나님을 높이는 동시에 사탄의 권세를 꺾는 하늘의 무기입니다.

감사와 찬양의 조화

하나님은 찬양이 필요하신 분이 아닙니다.
그러나 하나님은 우리가 찬양이 필요한 존재임을 아십니다.
그래서 우리를 그 자리로 부르십니다.
정리하자면 감사와 찬양은 닮았지만 분명히 다릅니다.

- 감사는 하나님께서 나를 위해 행하신 일들에 대한 반응입니다.
- 찬양은 하나님이 어떤 분이신지를 선포하고 고백하는 행위입니다.

찬양으로 하나님의 궁정에 들어갈 때마다 그분의 위대하심과 선하심 앞에서 내 문제는 작아지고, 믿음은 자라나며, 마음은 다시 살아납니다. 찬양은 단순한 음악이 아니라 하나님께로 나아가는 믿음의 발걸음입니다.

성막에서 기도를 배우다

묵상 가이드

• 나는 요즘 하나님의 어떤 성품을 찬양하고 있습니까?

• 문제보다 크신 하나님을 찬양하며 선포할 때 내 삶의 두려움
과 눌림은 어떻게 변합니까?

4

3단계: 번제단
자백의 기도

• • •

"육체의 생명은 피에 있음이라
내가 이 피를 너희에게 주어 제단에 뿌려
너희의 생명을 위하여 속죄하게 하였나니…."

레위기 17장 11절

감사의 문을 지나고 찬양으로 성막의 뜰에 들어선 나는 이제 첫 번째 기도의 자리 앞에 섭니다. 이는 놋으로 만든 '번제단'입니다. 번제단은 성막의 중심부가 아닌, 입구 가까이에 있었습니다. 하나님께 나아가려는 사람은 누구나 반드시 이 제단을 거쳐야 했습니다.

이곳에는 화려한 음악도 경쾌한 분위기도 없었습니다. 대신 짐승의 울음소리, 피와 불, 연기와 재가 뒤섞인 냄새가 가득했습니다. 번제단은 죄의 대가와 죽음의 무게가 가장 적나라하게 드러나는 자리였고 인간의 한계와 연약함이 적나라하게 드러나는 곳이었습니다. 그러나 이곳은 절망이 아닌 새로운 시작의 자리였습니다. 바로 회개와 자백이 시작되는 곳이었기 때문입니다.

기도의 여정에서 번제단은 우리가 반드시 지나야 할 내면의 과정, 곧 자백confession을 상징합니다.

• 자백의 실제

이스라엘 백성은 자신의 죄를 속죄하기 위해 짐승을 제물로 가져왔습니다. 그들은 그 짐승의 머리에 손을 얹고 자신이지은 죄를 하나하나 구체적으로 고백했습니다. 그것은 막연한 말이 아니라 실제적이고 구체적인 고백이었습니다. 실제로 지은 죄, 구체적인 잘못, 하나님 뜻을 어긴 행동을 있는 그대로 입술로 시인했습니다.

그리고 그 죄가 전가된 제물은 반드시 죽임을 당했습니다. 피가 쏟아지고 불에 태워졌습니다. 백성들은 눈으로 피를 보았고 귀로 울음을 들었으며 코로 타는 냄새를 맡았습니다. 그 자리에서 그들은 죄의 무게와 심각성을 오감으로 체험했습니다. 이것이 자백의 본질입니다. 죄를 숨기지 않고 인정하며 하나님께서 죄를 정의하신 방식에 동의하는 것입니다.

신약성경은 이 과정을 '자백'이라 부릅니다. 헬라어 '호몰로게오' *homologeo*는 "하나님과 같은 말을 하다"라는 뜻입니다. 즉, 자백은 죄를 흐릿하게 포장하거나 변명하지 않고 하나님께서 말씀하신 그대로 시인하는 것입니다.

우리는 종종 이렇게 기도합니다.

"하나님, 오늘 지은 모든 죄를 용서해주세요."

"하나님, 잘못했습니다."

하지만 이런 고백은 너무 포괄적이라 정작 자신의 죄와 마주하지 못할 때가 많습니다. 하나님은 우리가 구체적으로 정직하게 자백하기를 원하십니다.

"하나님, 제가 그 사람에게 거짓말한 것을 용서해주세요."

"하나님, 마음속으로 미워하고 판단했던 것을 고백합니다."

"하나님, 은밀한 탐욕과 자만에 빠졌던 제 마음을 드러냅니다."

이처럼 구체적으로 고백하면 마치 얼어붙은 땅이 햇살에 녹듯 마음이 부드러워지고 하나님의 은혜가 그 틈으로 스며들기 시작합니다.

● 자백과 용서의 확신

그러나 자백은 죄를 고백하는 것으로 끝나지 않습니다. 그 목적은 자신을 정죄하는 데 있지 않고, 이미 주어진 용서의 은혜를 붙드는 데 있습니다.

요한복음 8장에서 간음하다 붙잡힌 여인이 사람들 앞에 끌려왔을 때 예수님은 이렇게 말씀하셨습니다.

"너를 정죄하던 자들이 어디 있느냐?"

"없습니다."

"나도 너를 정죄하지 아니하노라."

정죄가 멈춘 자리에서 용서와 회복의 선언이 울려 퍼졌습니다. 그 여인은 완전히 용서받았습니다.

우리도 번제단 앞에서 자백할 때 성경은 이렇게 약속합니다. "만일 우리가 우리 죄를 자백하면 그는 미쁘시고 의로우사 우리 죄를 사하시며 우리를 모든 불의에서 깨끗하게 하실 것이요"(요일 1:9).

예수님의 십자가 위 마지막 말씀인 "다 이루었다"는 한마디는 단순한 외침이 아닙니다. 그것은 과거의 죄, 현재의 죄, 미래의 죄까지 포함한 완전한 용서의 선언입니다. 따라서 자백은 죄사함을 얻기 위한 조건이 아니라 이미 주어진 용서를 날마다 새롭게 확인하는 은혜의 자리입니다.

● 자백이 주는 유익

자백은 단순히 죄책감을 덜어내는 행위가 아닙니다. 그보다 훨씬 깊은 차원의 영적 회복을 가져옵니다.

첫째, 자백은 죄로부터 해방을 줍니다.

요한복음 11장에서 예수님은 죽은 나사로의 무덤 앞에 서서 말씀하셨습니다.

"돌을 옮겨 놓으라."

사람들은 주저하며 대답했습니다.

"주여, 죽은 지가 나흘이 되었으매 벌써 냄새가 나나이다."

우리의 죄도 그렇습니다. 덮어두면 덮어둘수록 악취가 나며 영혼을 병들게 합니다. 자백은 이 무덤 앞의 돌을 옮기는 일과 같습니다. 감추어진 죄를 하나님의 빛 앞에 드러낼 때 그분의 부활 능력이 임하고 죽음의 냄새는 생명의 향기로 바뀝니다 (고후 2:15-16).

둘째, 자백은 예수님에 대한 사랑을 더 깊게 만듭니다.

누가복음 7장에는 한 여인이 등장합니다. 죄 많은 여인이 예수님 앞에 나와 향유를 부었습니다. 사람들은 그녀를 비난했지만 예수님은 이렇게 말씀하셨습니다.

"사함을 받은 일이 적은 자는 적게 사랑하느니라"(7:47).

우리가 죄를 대충 자백하고 끝나면 용서의 깊이를 느끼지 못합니다. 반면 정직하고 깊은 자백은 십자가의 은혜를 더 선명히 느끼게 하고 그 은혜는 다시 예수님을 더 사랑하는 마음으로 이어집니다. 자백은 우리를 죄책감으로 끌어내리지 않고 오히려 십자가의 사랑으로 끌어올립니다.

● 오늘 우리의 번제단

오늘날 우리는 더 이상 양이나 소를 제단에 드리지 않습니다. 그러나 기도의 여정 속에서 우리는 여전히 번제단 앞에 서야 합니다. 이곳은 우리 안의 죄를 하나님께 솔직히 드러내는 자리이며 동시에 십자가의 은혜로 이미 용서받았음을 확인하는 자리입니다.

자백이 깊어질수록 은혜는 더욱 분명해지고,
십자가의 사랑은 더 강렬해집니다.
죄가 드러나는 그곳에서 은혜는 더욱 빛나며,
회개가 깊어질수록 감사는 더욱 커집니다.

묵상 가이드

• 지금 내가 하나님 앞에 구체적으로 자백해야 할 죄는 무엇입니까?

• 자백을 통해 십자가의 은혜를 새롭게 경험한 적이 있다면 그때 내 마음과 삶은 어떻게 달라졌습니까?

5

4단계: 물두멍
묵상의 기도

• • •

"너희는 내가 일러준 말로 이미 깨끗하여졌으니."

요한복음 15장 3절

번제단 앞에서 죄를 자백하고 십자가의 은혜를 붙든 나는 이제 물두멍 앞에 멈추어 섭니다. 제사장이 제물을 드린 후 몸에 튄 피와 먼지를 씻어내야만 다시 성소로 들어갈 수 있었던 것처럼 나 역시 기도의 여정 가운데 말씀의 물로 영혼을 씻는 시간이 필요합니다. 물두멍은 단순한 제사 도구가 아니라 하나님의 백성이 날마다 정결케 되어야 함을 보여주는 은혜의 상징입니다.

● 물은 곧 말씀이다

그렇다면 그 물은 무엇을 의미할까요? 예수님은 제자들에게 말씀하셨습니다. "너희는 내가 일러준 말로 이미 깨끗하여졌으니"(요 15:3). 다윗은 고백합니다. "청년이 무엇으로 그의 행실을 깨끗하게 하리이까 주의 말씀만 지킬 따름이니이다"(시 119:9). 그리고 바울은 교회가 "물로 씻어 말씀으로 깨끗하게 하사 거룩하게"(엡 5:26) 된다고 가르쳤습니다.

결국 물은 말씀을 상징합니다. 말씀은 우리의 생각과 마음을 깨끗하게 하고 영혼을 새롭게 하는 유일한 도구입니다. 세상의 위로는 잠시 머물지만 말씀은 우리를 영원한 정결로 이끄는 생명의 물줄기입니다. 이곳 물두멍 앞에서 성경의 한두 구절을 붙잡고 조용히 묵상합니다. 그 말씀은 거울처럼 우리 안을 비추며 하나님의 시선으로 자신을 다시 바라보게 합니다.

● 말씀은 거울이다

출애굽기 38장 8절에 따르면 물두멍은 이스라엘 여인들이 애굽에서 가져온 거울로 만들어졌습니다. 제사장은 그 물두멍을 들여다보며 자신의 모습을 확인하고 그 거울에 비친 대로 몸에 묻은 피와 먼지를 씻어냈습니다.

야고보서 또한 말씀을 거울에 비유합니다(약 1:23-25). 우리 자신이 말씀 앞에 서면 그 말씀은 영혼의 상태를 있는 그대로 비춥니다. 그 안에서 나는 내 안의 교만과 탐욕, 두려움과 낙심을 보게 됩니다. 그러나 동시에 말씀은 우리가 여전히 하나님의 사랑받는 자녀임을 일깨워줍니다.

말씀의 거울은 죄를 드러내는 데서 끝나지 않습니다. 그것은 나를 새롭게 빚으시고 하나님의 눈으로 자신을 다시 보게 하는 자리입니다. 나의 시선이 아닌 하나님의 시선으로 나를 바라보게 될 때 말씀은 나를 무너뜨리는 대신 회복시키고, 짓누르는 대신 일으켜 세우는 생명의 능력이 됩니다.

● 말씀과의 교제

물두멍 앞에서는 많은 말씀이 필요하지 않습니다. 때로는 단 한 구절이면 충분합니다. 그 말씀 한 구절을 붙잡고 주님과 대화하듯 천천히 묵상합니다.

예를 들어 "너희는 마음에 근심하지 말라. 하나님을 믿으니 또 나를 믿으라"(요 14:1)는 말씀 앞에서 저는 이렇게 기도합니다.

"주님, 제 마음이 근심으로 가득합니다. 그러나 이 말씀을 붙듭니다. 근심 대신 평안을 선택하겠습니다. 불안 대신 주님을 신뢰하겠습니다."

그때 말씀은 단순한 텍스트가 아니라 살아 계신 하나님의 음성이 되어 제 영혼을 씻고 새롭게 만듭니다. 물두멍의 물처럼 말씀은 날마다 저를 정결케 하며 하나님의 임재 안으로 한 걸음 더 깊이 이끕니다.

● 말씀으로 씻기는 은혜

물두멍 앞의 씻김은 단순히 도덕적인 정화가 아닙니다. 그것은 하나님과의 관계를 다시 회복시키는 은혜의 시간입니다. 죄책감으로 무너진 나를 일으키고 두려움에 움츠러든 마음을 담대하게 하며 다시 성소 안으로 들어가 하나님의 임재를 경험하도록 준비시키는 시간입니다.

말씀은 때로 내 마음을 찌르고 책망합니다. 그러나 그것은 나를 무너뜨리기 위한 것이 아니라 더 깊은 자유와 치유로 이끄시는 주님의 손길입니다. 또한 말씀은 위로와 약속으로 다가와 지친 나를 안아주고 다시 일어설 힘을 줍니다.

- 책망: 히브리서 4장 12절은 말씀은 "살아 있고 활력이 있어 좌우에 날선 어떤 검보다 예리하다"고 말합니다. 말씀은 우리의 마음을 꿰뚫어 드러냅니다. 아프지만 그 아픔 속에서 우리는 진정한 치유를 경험합니다.
- 위로: 요한복음 8장에서 간음하다 잡힌 여인에게 예수님은 "나도 너를 정죄하지 아니하노라" 하셨습니다. 말씀은 오늘도 우리에게 이 동일한 음성을 들려줍니다. 우리는 더 이상 정죄 아래 있지 않고 은혜 아래에 있음을 확인하게 됩니다.

그러므로 물두멍 앞의 씻김은 우리를 무기력하게 만드는 시간이 아니라 오히려 하나님 앞으로 담대히 나아가게 하는 능력의 시간입니다.

● 말씀 묵상의 실제

저는 어릴 적부터 '경건의 시간', 즉 말씀 읽기와 기도를 함께 하는 훈련을 받았습니다. 그래서 오랫동안 성경을 읽고 그다음에 기도하는 방식을 자연스럽게 지켜왔습니다. 그것은 분명 귀한 훈련이었습니다.

그러나 어느 날 문득 이런 생각이 들었습니다. 지금의 방식은 마치 아내에게 전화를 걸어 "여보, 내가 먼저 할 말 다 하고, 그다음 당신도 하고 끊자"라고 말하는 것과 같다는 생각이었습니다. 저의 기도 역시 종종 이런 식이었습니다. "주님, 이제 말씀은 들었습니다. 이제 제가 기도하겠습니다." 그것은 일방적인 흐름이었습니다.

더 좋은 길은 주님과 '대화하듯' 기도하는 것입니다. 말씀을 먼저 듣고 그 말씀에 반응하며 기도하고 다시 주님의 음성을 기다리며 묵상하는 것. 이러한 쌍방의 교제 속에서 기도는 훨씬 더 깊고 풍성해집니다.

이제 저는 말씀의 한 구절을 붙들며 그분의 음성을 듣고 저의 기도로 응답하며 다시 말씀 속에서 그분의 위로와 인도를 받습니다. 그 과정에서 주님과 더 친밀해지고 그분의 성품을 배우며 마음을 하나님 뜻에 맞추는 훈련을 합니다. 때로는 책망 앞에서 눈물을 흘리고, 때로는 격려 속에서 위로받고 기쁨을 누립니다. 말씀은 날마다 제 내면을 새롭게 빚으시는 하나님의 도구입니다.

저는 물두멍 앞에서 다음과 같은 순서로 훈련합니다.

- 멈춤: 호흡을 고르고 마음을 가라앉힙니다.
- 말씀 붙잡기: 오늘 마음에 다가오는 구절을 천천히 읽습니다.
- 비춤: 그 말씀이 지금 내 삶의 어디를 비추는지 정직하게 묻습니다.
- 응답: 죄를 고백하거나 감사로 반응하고 작은 순종을 결단합니다.
- 머묾: 침묵 속에서 주님의 임재를 느끼며 기다립니다.

이 간단한 루틴 속에서 저는 매번 새롭게 씻김의 은혜를 경험합니다. 말씀은 영혼의 먼지를 닦아내고 다시 담대히 하나님께 나아가도록 이끕니다.

• 물두멍 앞에서 드리는 기도

주님과의 대화는 서두르지 않아도 됩니다. 가까운 친구와 이야기하듯 한 문장을 고백하고 잠시 멈추어 주님의 임재를 느낀 뒤 다시 말씀 앞에 서는 여유로운 대화의 흐름 속에서 더 깊은 영적 교제가 일어납니다.

우리는 종종 기도할 때 쉼 없이 말을 이어가야 한다고 생각합니다. 잠시 멈추면 기도가 끊긴 것처럼 보일까 봐 불안하기도 합니다. 그러나 홀로 드리는 기도에서는 그런 긴장을 내려놓아도 괜찮습니다. 하나님은 우리가 침묵할 때도 말씀하시며 우리가 조용히 기다릴 때 더욱 깊이 임재하십니다.

그러므로 기도할 때는 서두르지 말고 시간을 천천히 사용해야 합니다. 마음을 가라앉히고 물두멍 앞에서 말씀 한두 구절을 깊이 묵상해 보십시오. 그리고 주님과 나누는 조용하고 편안한 대화를 즐기십시오.

이 시간은 단순히 정결을 위한 잠시의 멈춤이 아닙니다. 하나님과의 관계를 다시 점검하고 회복하는 자리이며 말씀으로 씻기고 말씀으로 새로워지는 자리입니다. 성막 기도의 여정에서 진정한 회복은 바로 이곳, 말씀 앞에서부터 시작됩니다.

"주님, 말씀의 물로 내 영혼을 씻어주소서.

책망도 위로도 주시는 대로 받겠습니다.

오늘 내 안의 얼룩이 드러나면 회개하겠습니다.

그리고 주님의 은혜로 다시 일어나 담대히 성소로 나아가겠습니다."

성막에서 기도를 배우다

묵상 가이드

• 오늘 말씀 중에서 하나님께서 내게 주시는 한 단어나 구절은
무엇입니까?

• 하나님의 말씀을 거울처럼 사용하는 나만의 구체적인 방법이
있다면 어떤 것입니까?

6

5단계: 진설병 상
간구의 기도

• • •

"오늘 우리에게 일용할 양식을 주시옵고."
마태복음 6장 11절

성막 안으로 들어서면 오른편에 진설병 상이 놓여 있습니다. 그 위에는 이스라엘 열두 지파를 상징하는 열두 개의 떡이 늘 진설되어 있었습니다. 제사장들은 이 떡을 먹으며 육체의 필요를 채웠습니다. 그 떡은 하나님께 드려진 제물이면서 동시에 하나님의 백성에게 다시 공급으로 돌아온 은혜의 양식이었습니다.

신약 시대를 살아가는 우리는 예수 그리스도 안에서 "왕 같은 제사장"(벧전 2:5)으로 부르심을 받았습니다. 그러므로 이 진설병 상 앞에 선다는 것은 곧 나의 필요를 숨김없이 아버지께 아뢰는 것과 같은 의미입니다. "주님, 제게는 분명한 필요가 있습니다. 제 삶의 갈급함을 감추지 않고 올려드립니다"라고 고백하는 그 자리, 하나님을 신뢰하는 신앙의 자리에 서는 것입니다. 이것은 결코 이기적인 기도가 아닙니다.

● 복은 흘러넘치기 위해 먼저 채워져야 한다

많은 이들이 묻습니다.

"나만을 위한 기도는 이기적인 것이 아닐까요?"

그러나 성경은 분명히 말합니다. 하늘 아버지는 우리의 모든 필요를 아시며(마 6:32) 그 풍성한 대로 채우시는 분이십니다(빌 4:19). 나의 필요를 하나님께 아뢰는 것은 결코 자기중심적인 일이 아닙니다. 그것은 오히려 하나님이 허락하신 기도의 본질이자 특권입니다.

복은 향기와 같습니다. 내가 먼저 그 향기에 충분히 젖어들지 않으면 다른 사람에게 전할 수 없습니다. 아무리 좋은 향수를 가지고 있어도 내가 먼저 뿌리지 않으면 주변에 퍼지지 않듯 내가 먼저 하나님의 은혜로 채워져야 그 향기가 내 가정과 이웃, 공동체로 흘러갑니다.

복은 강물과도 같습니다. 상류가 가득 차야 그 물이 흘러내려 논과 밭을 적실 수 있습니다. 내가 주님의 은혜로 채워지지 못한 채 메말라 있다면 다른 이를 살릴 수도, 흘려보낼 수도 없습니다.

그러므로 나의 필요를 하나님께 솔직히 아뢰는 일은 단지 나만을 위한 간구가 아닙니다. 그것은 주님의 은혜가 흘러가도록 통로를 여는 행위이며 믿음으로 감당해야 할 영적 책임입니다.

그래서 저는 진설병 상 앞에서 이렇게 기도합니다.

"아버지, 내게는 분명한 필요가 있습니다. 내 마음의 갈급함을 숨기지 않고 주님 앞에 올려드립니다. 모든 공급이 주님의 손에서 오는 줄 믿습니다. 내게 허락하신 은혜가 자녀와 이웃, 공동체로 흘러가게 하소서."

● 다윗의 진설병, 제자들의 밀 이삭

제자들이 안식일에 밀 이삭을 잘라 먹었다는 이유로 바리새인들에게 비난을 받았을 때 예수님은 사무엘상 21장의 다윗 이야기를 인용하셨습니다(마 12:3-4). 사울에게 쫓기던 다윗은 지쳐 굶주린 상태에서 제사장 아히멜렉을 찾아갔습니다. 그는 진설병을 요청했고 그 떡을 먹음으로써 생명을 이어갈 수 있었습니다.

율법에 따르면 진설병은 제사장만이 먹을 수 있는 떡이었지만 하나님께서는 굶주린 다윗의 행동을 정죄하지 않으셨습니다. 오히려 예수님은 이 사건을 들어 제자들의 행동 역시 결코 잘못이 아님을 분명히 하셨습니다.

여기서 우리는 중요한 교훈을 얻습니다. 필요 자체는 결코 죄가 아니라는 것입니다. 인간은 연약하기에 육체적·정서적·영적 필요를 가질 수밖에 없습니다. 문제는 그 필요 자체가 아니라 그 필요를 채우기 위해 누구에게 나아가느냐에 있습니다.

세상은 필요를 채우기 위해 물질, 권력, 관계, 자기만족을 추구합니다. 그러나 하나님의 자녀는 다릅니다. 우리는 진설병 상 앞에 나아가 그 모든 필요를 아버지께 아뢰어야 합니다. 다윗이 진설병을 통해 생명을 얻은 것처럼, 제자들이 밀 이삭으로 배고픔을 달랬던 것처럼, 하나님의 자녀는 오직 하나님 앞에서 참된 공급과 만족을 누립니다.

진설병 상 앞에서 드리는 기도는 사실상 이러한 고백을 담고 있습니다.

"주님, 제게는 부족함이 있습니다. 그러나 이 부족을 세상의 방법이 아니라 주님께 가지고 나아갑니다. 주님만이 제 생명의 양식이심을 믿습니다."

다윗의 이야기와 제자들의 사건은 우리에게 분명한 메시지를 줍니다. 하나님은 우리의 필요를 아십니다. 그리고 그 필요를 채우시기를 기뻐하십니다.

그러나 하나님은 단지 우리의 배고픔을 해결해주시는 분이 아닙니다. 그분은 우리의 필요를 통해 우리가 누구를 의지하며 살아가는지를 보길 원하십니다. 따라서 진설병 상 앞에 나아간다는 것은 단순히 "주님, 이것을 주세요"라고 구하는 차원을 넘어섭니다. 우리의 필요를 통해 하나님을 더욱 의지하고 그분만이 나의 참된 공급자이심을 깨닫게 되는 믿음의 자리에 서는 일입니다.

● 기도를 쓰면, 응답이 보인다

저는 이 믿음의 자리에서 기도 일기 쓰는 습관을 들였습니다. 즉각적인 응답이 없을 수도 있고 때로는 제가 기대한 방식과 전혀 다른 모습으로 응답될 때도 있습니다. 그러나 시간이 흐른 뒤 돌아보면 하나님께서는 언제나 가장 본질적이고 중요한 기도부터 차례로 응답하고 계셨음을 깨닫게 됩니다.

예를 들어, "주님, 건강검진 결과가 깨끗하게 나오게 해주세요"라고 기도했다고 해볼까요? 그런데 며칠 후 결과지에 작은 이상 소견이 적혀 있을 수도 있습니다. 순간 마음이 무너지고 불안이 밀려오지만 그보다 앞서 이렇게 기도했던 것을 떠올리게 됩니다. "주님, 제 몸을 의지하지 않고 어떤 상황에서도 하나님만

신뢰하는 믿음을 주십시오." 그렇다면 그 이상 소견조차 사실은 믿음을 키우기 위한 하나님의 응답일 수 있습니다.

우리는 종종 기도 안에서 모순된 모습을 보입니다. "주님 더 큰 믿음을 주세요"라고 기도한 뒤 곧 "주님 왜 이렇게 힘든 상황을 제 앞에 두십니까? 제게서 이 어려움을 거두어주세요"라고 부르짖기도 합니다. 하지만 하나님께서는 이렇게 말씀하시는 듯합니다. "바로 그 어려움이 네 믿음을 자라게 하기 위해 내가 허락한 응답이란다."

그래서 저는 기도 일기를 통해 하나님의 응답을 되짚어보며 그분의 뜻과 섭리가 제 삶 속에서 어떻게 흘러왔는지를 배워갑니다. 그리고 그 과정에서 이런 고백이 흘러나옵니다. "주님, 제가 드린 기도가 이렇게 응답되고 있었군요. 지금 제가 기다리는 이 일도 결국 하나님의 시간 안에 있음을 믿습니다."

여러분도 기도 일기를 써보길 권합니다. 단순한 기록 차원이 아니라 하나님과의 대화를 눈에 보이는 형태로 남기는 신앙 여정이 되기 때문입니다. 우리가 살아가며 드린 수많은 기도는 종종 흩어지고 시간이 지나면 잊힙니다. 그러나 그것을 글로 남기면 하나님께서 어떻게 일하셨는지를 구체적으로 확인할 수 있습니다.

기도 일기를 쓰다 보면 놀라운 경험을 하게 됩니다. 오늘 눈물로 적어 내려간 기도가 몇 달 후 혹은 몇 년 후 하나님의 응답과 정확히 맞닿아 있음을 발견하게 됩니다. 그때 우리는 하나님께서 우리의 삶 속에서 얼마나 세밀하고 충실하게 일하고 계신지를 새롭게 깨닫습니다. 이런 체험은 단순한 위로나 지식이 아니라 신뢰와 확신을 더욱 깊게 만드는 은혜의 증거입니다.

또한 기도 일기는 우리의 시선을 '나의 필요'에서 '하나님의 뜻'으로 옮겨줍니다. 처음에는 단지 내 문제의 해결을 위해 적어 내려가던 글이 어느새 하나님께서 내 삶을 어떻게 빚어가시는지를 기록하는 감사 일기로 바뀌어 있음을 발견합니다. 이 과정에서 우리의 믿음은 점점 성숙해지고, 기도는 단순한 요청이 아니라 하나님과의 교제로 성숙해갑니다.

처음부터 거창하게 시작할 필요는 없습니다. 하루에 단 몇줄이라도 좋습니다. "오늘 이런 상황에서 이런 기도를 드렸습니다. 그리고 주님은 오늘 이런 마음을 주셨습니다." 이처럼 그저 있는 그대로 적어보십시오. 그리고 시간이 지나 그 기록들을 다시 펼쳐보는 순간 하나님께서 내 삶을 어떻게 인도해오셨는지가 하나의 그림처럼 이어져 보일 것입니다.

기도 일기는 내 믿음을 비추는 '거울'이며 하나님의 은혜를 저장하는 기억의 '창고'입니다. 무엇보다 그것은 나와 하나님 사이의 관계를 더 깊고 더 친밀하게 만들어주는 귀한 통로입니다. 그러므로 작은 용기를 내어 오늘부터라도 기도 일기를 시작해 보길 권합니다. 그 여정 속에서 하나님께서 얼마나 충실히 그리고 세밀하게 일하고 계신지를 깨닫게 될 때 이전에는 경험하지 못했던 깊은 평안과 확신이 여러분의 마음을 가득 채우게 될 것입니다.

● 하나님은 최고의 것을 이미 주셨다

바울은 이렇게 선포했습니다. "나의 하나님이 그리스도 예수 안에서 영광 가운데 그 풍성한 대로 너희 모든 쓸 것을 채우시리라"(빌 4:19).

하나님은 이미 우리에게 가장 귀한 선물을 주셨습니다. 그것은 다름 아닌 예수 그리스도, 곧 '생명의 떡'이십니다. 하나님의 아들이신 그분을 우리에게 내어주셨다는 사실은, 하나님께서 우리에게 줄 수 있는 것 중 가장 값지고 소중한 것을 이미 주셨다는 증거입니다. 그렇다면 우리가 지금 구하고 있는 건강, 직장, 자녀의 문제, 관계의 어려움, 재정적 필요 등은 하나님께는 결코 어려운 일이 아닙니다. 인간의 눈에는 큰 산처럼 보일지라도 하나님께는 '식은 죽 먹기'보다 쉬운 일입니다.

무엇보다 중요한 것은, 우리의 기도가 단순히 문제 해결에 머물지 않고 하나님을 더욱 깊이 신뢰하도록 이끈다는 사실입니다. 필요를 아뢰는 기도는 이렇게 고백합니다. "주님, 제 삶의 주권은 제 손이 아니라 주님께 있습니다." 기도는 단순히 무엇을 얻기 위한 수단이 아니라 하나님을 신뢰하는 훈련이자 우리의 시선을 주님께 고정시키는 은혜의 도구입니다.

저는 진설병 상 앞에 설 때마다 이렇게 고백합니다.
"아버지, 제게는 분명한 필요가 있습니다. 그러나 그 필요보다 먼저 주님이 저의 공급자 되심을 믿습니다. 제 갈급함을 숨기지 않고 주님 앞에 올려드립니다. 오늘도 하늘에서 내려주시는 양식을 구하며 주님의 손길을 기다립니다."

진설병 상은 단순히 떡을 먹는 물질적 양식의 자리가 아니라 하늘 아버지의 신실한 공급을 체험하는 자리입니다. 이 자리에서 우리는 하나님께서 우리의 일상적인 필요까지도 잊지 않으시고 작은 것 하나까지 살피시며 가장 적절한 때에 채워주신다는 사실을 배웁니다.

또한 진설병 상은 교제의 자리입니다. 이곳에서 저는 필요를 솔직히 아뢰면서도 동시에 하나님의 뜻에 귀를 기울입니다. 응답이 더딜 때에도 하나님은 침묵 속에서 제 믿음을 단련하시며 기다림 속에서 제 마음을 주님의 뜻에 맞추어가십니다. 결국 이 자리는 단순히 원하는 것을 얻는 자리가 아니라 하나님과의 교제가 더 깊어지는 자리입니다.

진설병 상 앞에서 드리는 기도는 단순한 간구를 넘어 하나님과의 대화이자 관계의 고백입니다. 내 삶의 공급이 세상이 아닌 하나님께 있음을 인정하는 고백이며 모든 필요와 염려를 맡기고 기다림 속에서도 하나님의 신실하심을 붙드는 자리입니다.

성막에서 기도를 배우다

묵상 가이드

• 지금 내가 주님께 아뢸 '일용할 양식'은 무엇입니까?

• 내 필요와 하나님의 뜻이 충돌할 때 나는 어떤 선택을 하고 있습니까?

7

6단계: 금촛대
사역의 기도

• • •

"일어나라 빛을 발하라 이는 네 빛이 이르렀고
여호와의 영광이 네 위에 임하였음이니라."

이사야 60장 1절

성막 안으로 들어서면 가장 먼저 오른편에 진설병 상이 놓여 있고 그 맞은편 왼편에는 두 번째 성물인 금촛대Golden Candlestick가 자리하고 있습니다. 이 금촛대는 단순히 성막 안을 밝히는 조명이 아니었습니다. 꺼지지 않고 타오르는 불빛은 성소 전체를 환히 비추며 하나님 임재와 영광을 드러내는 상징이었습니다. 그 불은 언제나 타올라야 했고 불이 꺼지는 것은 곧 하나님 앞에서의 예배와 교제가 끊겼음을 뜻했습니다. 그래서 제사장들은 밤낮으로 기름을 채우며 불이 꺼지지 않도록 세심히 살폈습니다.

이 불빛은 단순히 공간을 밝히는 기능적인 의미를 넘어 하나님의 백성이 세상 속에서 감당해야 할 사명을 상징했습니다. 어두운 세상에서 하나님의 백성은 꺼지지 않는 빛처럼 존재해야 했습니다. 금촛대는 그 사명의 현실적 의미를 눈에 보이는 형태로 드러내주는 성물이었습니다.

• 사역을 위한 기도의 자리

요한계시록 2장과 3장에서 예수님은 일곱 금촛대를 '일곱 교회'에 비유하셨습니다. 성령의 기름을 공급받아 불타는 촛대는 교회의 생명력과 사명을 나타냅니다. 성령의 기름이 끊기면 불은 꺼지고 빛을 잃은 교회는 더 이상 세상에서 제 역할을 수행할 수 없습니다. 그러나 성령께서 계속해서 기름을 부어주시면 교회는 어떤 어둠 속에서도 꺼지지 않고 빛을 발하게 됩니다.

그래서 저는 성막 기도의 여정에서 금촛대 앞에 설 때마다 이곳을 단순히 '빛의 상징'으로만 보지 않습니다. 이곳은 사역을 위한 기도의 자리입니다. 제가 감당하는 사역뿐 아니라 이 땅의 교회와 목회자, 해외 선교지와 선교사님들 그리고 복음을 위해 헌신하는 모든 사역을 품고 기도합니다. 금촛대의 불이 꺼지지 않듯 하나님 나라를 위해 수고하는 이들의 불빛도 꺼지지 않도록 그들의 손에 기름이 마르지 않도록 중보하는 자리입니다.

저는 금촛대를 보며 다시 고백합니다. "주님, 제 사역이 제 열심이나 재능으로만 타오르지 않게 하시고 성령의 기름으로 타오르게 하소서. 또 이 땅의 모든 교회와 사역 위에도 같은 은혜를 부으셔서 어둠이 짙어지는 시대 속에서도 꺼지지 않는 빛으로 서게 하소서."

성막에서 기도를 배우다

•나의 사역과 다른 이들의 사역을 위한 기도

이 자리에서 저는 단지 제가 맡은 사역만을 위해 기도하지 않습니다. 하나님 나라의 일은 결코 한 개인의 울타리 안에 머무는 일이 아니기 때문입니다. 저는 제게 주어진 사명과 책임을 위해 간구하면서도 동시에 제가 속하지 않은 교회의 사역과 직접 보지 못한 복음의 현장들까지 품고 기도합니다.

제가 잘 아는 동역자의 교회와 사역을 위해서도 기도합니다. 또한 뉴스나 소식을 통해 접한 국내외 복음의 현장들, 이름조차 알지 못하는 선교지의 작은 교회들, 낯선 환경 속에서도 예수님의 이름 하나로 버티는 사역자들을 위해 마음을 다해 중보합니다. 신학적 배경이나 사역의 방식이 다를지라도 복음을 향한 진실한 열정이 있다면 그것만으로 충분합니다. 저는 그들을 위해 기꺼이 무릎을 꿇습니다.

특별히 한국 교회의 여러 목회자와 공동체를 떠올리며 기도합니다. 성령의 불이 다시 교회를 새롭게 하고, 세상 속에서도 빛을 잃지 않도록, 또한 해외 선교지에서 낮과 밤을 가리지 않고 복음을 전하며 고난을 견디는 선교사님들을 위해 간절히 기도합니다. 도시에서, 시골에서, 문명의 혜택조차 없는 오지에서 외롭게 씨름하는 복음의 일꾼들이 있습니다. 예수 그리스도의 이름 하나로 서서 그 땅을 지키는 분들을 떠올리며 저는 이렇게 기도합니다.

"주님, 그들의 손에 성령의 기름을 부어주옵소서. 그들의 눈물과 헌신이 헛되지 않게 하시고 그들의 사역 위에 풍성한 열매가 맺히게 하소서. 제가 그 현장에 직접 가지 못하지만 이 기도를 통해 그들과 함께 싸우게 하소서."

이처럼 기도는 단순히 제 사역의 울타리를 지키는 것을 넘어 하나님 나라 전체를 품는 사역입니다. 하나님은 우리의 기도를 통해 저 먼 곳에서 수고하는 형제자매들의 손에 힘을 더하시고 동시에 우리 시야를 넓혀주십니다. 사역은 결코 혼자의 싸움이 아닙니다. 등불 하나로는 넓은 세상을 밝힐 수 없습니다. 그러나 수많은 불빛이 모이면 어둠이 물러가고 모든 교회와 사역이 서로 연결되면 거대한 빛이 됩니다.

● 함께 세워지는 하나님 나라

우리는 왜 자기 사역만이 아니라 다른 사역을 위해서도 기도해야 할까요? 그 답은 사무엘상 30장에 기록된 다윗의 시글락 전투 이야기에서 찾을 수 있습니다. 아말렉과의 전쟁을 앞두고 다윗과 그의 군사들은 극심한 위기에 처했습니다. 그중 200

명의 병사는 지쳐서 전장에 나가지 못하고 후방에 남아 짐을 지키는 임무를 맡았습니다.

전쟁이 끝나고 승리를 거둔 후 앞서 싸운 병사들은 전리품을 나누며 이렇게 말했습니다. "그들이 우리와 함께 가지 아니하였은즉 우리가 도로 찾은 물건은 무엇이든지 그들에게 주지 말고 각자의 처자만 데리고 떠나가게 하라"(22). 한마디로 "이 전리품은 우리가 싸워 얻은 것이니 뒤에 남았던 자들과 나눌 수 없다"는 것이었습니다.

그러나 다윗은 단호히 선언합니다. "전장에 내려갔던 자의 분깃이나 소유물 곁에 머물렀던 자의 분깃이 동일할지니 같이 분배할 것이니라"(24). 즉 "전장에 나간 자나 짐을 지킨 자나 그 몫은 동일하다"라고 못 박았습니다.

이 말씀은 오늘 우리의 영적 전쟁에도 그대로 적용됩니다. 내가 직접 선교지에 가지 못했더라도 기도로 그 사역을 붙들고 중보했다면 그것은 곧 전장에 함께 선 것입니다. 무릎 꿇고 흘린 눈물과 간절한 간구는 현장에서 흘린 땀과 피와 다르지 않습니다. 그러므로 사역의 열매와 하늘의 상급은 함께 나누는 것입니다. 하나님은 전선에 선 자와 후방을 지키는 자 모두를 동일한 일꾼으로 세우십니다.

그래서 저는 금촛대 앞에서 이렇게 기도합니다.

"주님, 저 먼 선교지에서 복음을 전하는 선교사님들을 붙들어주소서. 이름 없이 빛도 없이 교회를 세우는 목회자들에게 새 힘을 더하소서. 제가 직접 그곳에 가지 못한다 해도 이 기도의 자리를 통해 그들과 함께 싸우게 하소서. 저의 기도가 그들의 손에 든 작은 물병이 되고 그들의 영혼을 지탱하는 보급로가 되게 하소서."

이것이 바로 금촛대 앞에서 드리는 기도의 의미입니다. 불빛은 촛대 하나에서만 나오지 않습니다. 수많은 등불이 함께 타오를 때 어둠 속을 항해하는 이들에게 길이 열립니다. 우리의 기도 또한 그러합니다. 한 사람의 기도는 작아 보이지만 그 불빛들이 모여 하나님 나라를 함께 세우는 거대한 빛이 됩니다.

● 빛을 비추는 사명

이사야 60장은 이렇게 힘 있게 선포합니다. "일어나라 빛을 발하라! 이는 네 빛이 이르렀고 여호와의 영광이 네 위에 임하였음이니라." 하나님께서는 이스라엘을 이방을 위한 빛으로 부르셨습니다. 그들의 삶과 예배, 순종과 헌신을 통해 열방이 하나님의 영광을 보게 하시려는 것이었습니다. 그리고 오늘 우리는 바로 그 사명을 이어받은 사람들입니다.

세상은 여전히 어둠 가운데 있습니다. 불안과 두려움, 거짓과 탐욕, 절망과 혼란이 사람들의 마음을 사로잡고 있습니다. 그러나 하나님은 우리를 그 어둠 속으로 부르셔서 길을 잃은 영혼들에게 방향을 보여주고 복음의 빛으로 그들의 마음을 비추는 등대의 역할을 감당하게 하십니다.

예수님은 제자들에게 말씀하셨습니다.

"너희는 세상의 빛이라 산 위에 있는 동네가 숨겨지지 못할 것이요 사람이 등불을 켜서 말 아래에 두지 아니하고 등경 위에 두나니 이러므로 집 안 모든 사람에게 비치느니라"(마 5:14-15).

빛은 감추라고 주신 것이 아닙니다. 빛은 드러나야 의미가 있습니다. 어둠을 밝히고 길을 안내하기 위해 존재합니다. 우리가 그리스도의 빛을 받아 세상 가운데 설 때 가정과 교회 그리고 사회 속에서 하나님의 영광이 드러나고 소망 없는 자들에게 소망이 비치게 됩니다.

그러므로 저는 금촛대 앞에서 이렇게 다짐하며 기도합니다.

"주님, 제 삶이 빛을 가리는 것이 아니라 빛을 드러내는 통로가 되게 하소서. 제가 맡은 사역이 주님의 영광을 가리지 않고, 어두운 세상에서 길을 밝히는 불빛이 되게 하소서. 주님의 교회가, 주님의 백성 하나하나가 이 시대 속에서 꺼지지 않는 등불이 되게 하옵소서."

빛은 나 하나의 작은 등불에서 시작됩니다. 그러나 그 불빛이 서로 이어지고 하나로 모일 때 세상은 결코 그 빛을 이기지 못합니다. 교회와 교회가, 성도와 성도가 각자의 자리에서 성령의 기름으로 타오를 때 세상은 결국 그 빛 앞에서 길을 찾게 될 것입니다.

● 기도의 동참은 곧 사역의 동참

우리는 종종 사역을 '현장에서 몸으로 직접 뛰는 일'로만 생각합니다. 그러나 성막의 금촛대 앞에서 드리는 기도는 결코 소극적인 행위가 아닙니다. 그것은 또 다른 방식의 사역 참여이며 보이지 않는 영적 전선에서의 실제적인 동역입니다.

기도 없는 사역은 오래가지 못합니다. 열정은 식고 힘은 고갈되며 결국 인간의 능력에 의지하다가 한계에 부딪히고 맙니다. 그러나 누군가 그 사역을 위해 눈물로 기도할 때 하나님께서 그 위에 새 힘과 기름 부으심을 더하십니다. 그 사역자는 다시 일어서고 열매 맺을 수 있게 됩니다.

그래서 저는 이 자리에서 깨닫습니다. 내가 드리는 기도는 단순히 '돕는 역할'에 머무는 것이 아니라 사역의 한복판에 함께 서는 일입니다. 직접 선교지에 가지 않더라도, 목회 현장에서 몸으로 뛰지 않더라도, 기도하는 그 순간 우리는 동일한 상급과 열매를 누릴 수 있는 하나님의 동역자가 됩니다.

저는 금촛대 앞에서 이렇게 고백합니다.
"주님, 제가 맡은 사역뿐 아니라 모든 교회와 주님의 백성이 감당하는 사역 위에 성령의 기름을 부어주소서. 어두운 세상에서도 그 빛이 꺼지지 않고 계속 타오르게 하소서."

기도하는 자는 시야가 넓어진다

혹시 여러분은 주님 앞에서 상급을 받고 싶습니까? 마지막 날 주님께서 우리의 이름을 부르시며 "잘하였도다 착하고 충성된 종아"라고 말씀하시기를 바랍니까? 그렇다면 반드시 이 금촛대 앞에서 시간을 보내야 합니다.

금촛대 앞의 기도는 단순히 다른 사역을 '돕는 일'이 아니라 내 시야를 넓히고 하나님의 관점을 배우는 자리입니다. 처음에는 내 교회, 내 사역, 내 가정만을 위해 기도하던 마음이 점점 넓어져 교단과 문화, 국경과 언어를 넘어서는 자리로 나아갈 수 있습니다.

그때 우리는 이렇게 고백할 것입니다. "주님, 저들도 나의 형제요 자매입니다. 저 교회의 부흥이 나의 기쁨이며 저 선교사의 눈물이 나의 눈물입니다." 그 순간 우리의 기도는 더 이상 좁은 울타리 안에 머물지 않습니다. 그것은 '하나님 나라 전체'를 품는 기도로 확장됩니다. 성령께서는 그 기도를 통해 우리의 시야를 넓히시고 더 큰 그릇으로 빚어가십니다.

기도는 결국 나 자신을 변화시키는 일입니다. 내 관점을 하나님의 관점으로 끌어올리는 영적 훈련이며, 하나님의 시선으로 세상을 보게 하는 축복입니다. 금촛대 앞에서 드리는 기도는 그래서 가장 넓은 시야를 배우는 자리입니다. 기도하는 사람은 언제나 자기 사역의 경계를 넘어 세상 끝까지 비추는 하나님의 빛을 함께 바라보는 사람이 됩니다.

성막에서 기도를 배우다

묵상 가이드

• 나는 어떤 사역과 사역자들을 위해 기도하고 있습니까?

• 하나님의 나라를 위해 '빛을 비추는 이들'을 향한 나의 태도는 어떠합니까?

8

7단계: 분향단
중보의 기도

• • •

"… 모든 사람을 위하여 간구와 기도와 도고와 감사를 하[라]."

디모데전서 2장 1절

성막 안으로 들어서면 세 번째로 마주하게 되는 성물이 있습니다. 바로 분향단입니다. 이 단에서는 향이 피어올라 하나님 앞에 향기로운 제물로 드려졌습니다. 출애굽기는 이 향을 "하나님께 올려지는 향기"라 부르고, 요한계시록 8장은 이 분향단에서 피어오르는 향을 곧 "성도들의 기도"라고 해석합니다. 다시 말해 분향단은 하나님께 올려지는 모든 기도의 상징이며 특히 중보기도의 자리를 보여줍니다.

이곳에서 드려지는 기도는 단순히 나를 위한 간구에 머물지 않습니다. 분향단은 나 자신을 넘어서 다른 사람의 이름을 불러 기도하는 자리입니다. 사랑이 기도로 피어오르는 자리입니다. 이 향이 하늘로 올라갈 때 하나님은 그것을 "성도의 기도"라 부르시며 기뻐 받으십니다(계 8:4). 내가 사랑하는 이들의 이름 그리고 때로는 사랑하기 어려운 이들의 이름까지 주님께 올려드릴 때 기도는 더 이상 개인의 울타리에 갇히지 않습니다.

그 순간 내 마음은 하나님의 나라, 그 넓은 품 안으로 들어갑니다. 가족을 넘어 교회를 품고, 교회를 넘어 도시와 나라를 품으며, 마침내 열방을 향한 하나님의 마음에 동참합니다. 이것이 분향단에서 드려지는 중보기도의 신비입니다.

● 분향단, 사랑이 기도로 변하는 곳

저는 이 자리에서 종종 기도 명단을 펼쳐 놓습니다. 가족의 이름을 한 사람씩 불러 올려드리고 교회의 성도들을 위해 중보하며, 이웃과 동료들의 형편을 하나님께 맡깁니다. 기도하다 보면 하나님께서 한 사람 한 사람의 얼굴을 제 마음에 떠오르게 하십니다. 그들의 기쁨이 나의 기쁨이 되고 그들의 아픔이 내 마음 깊은 곳에 느껴집니다.

어떤 날은 감사와 감격으로, 어떤 날은 눈물과 애통으로 이름을 부릅니다. 놀랍게도 그렇게 이름을 불러 기도할 때마다 하나님은 내 마음 안에 그들을 향한 하나님의 시선을 부어주십니다. 이제 나는 내 시선이 아니라 주님의 눈으로 사람을 보기 시작합니다. 때로는 오랜 시간 기도해도 아무 변화가 없는 것처럼 느껴질 때가 있습니다. 그러나 성경은 분명히 말합니다. "의인의 간구는 역사하는 힘이 큼이니라"(약 5:16).

우리의 기도는 눈에 보이지 않아도 영적 세계에서 향처럼 퍼져 나가 하나님의 때에 반드시 열매를 맺습니다. 어쩌면 그 향 하나로 절망의 골짜기에서 한 영혼이 위로를 얻고 절망하던 이가 다시 소망을 붙잡게 될지도 모릅니다. 중보기도는 하나님의 마음에 동참하는 일입니다. 예수님께서 지금도 하나님 보좌 우편에서 우리를 위해 중보하시는 것처럼(롬 8:34) 우리 또한 그분의 손과 입술이 되어 이 땅을 위해 기도하는 것입니다.

이 자리에서 우리는 단순히 기도를 드리는 자가 아니라 하나님의 통로가 됩니다. 내 입술에서 흘러나온 작은 기도가 하나님 손에 들려져 누군가의 삶을 회복시키고 세상을 바꾸는 일에 쓰임받게 됩니다. 그래서 저는 이 분향단 앞에서 이렇게 기도합니다.

"주님, 오늘도 누군가의 인생을 위해 저를 사용해주소서. 제가 드리는 이 기도가 한 영혼의 눈물을 닦는 향기가 되게 하소서. 저의 마음이 닫히지 않게 하시고 주님의 마음으로 세상을 품게 하소서."

그렇게 기도하다 보면, 어느새 제 영혼이 넓어지고 부드러워지며 하나님 나라의 시야가 제 안에 열립니다. 분향단은 단지 향을 피우는 자리가 아닙니다. 그곳은 사랑이 피어오르는 자리이며 하나님의 마음이 내 마음 안에 새겨지는 거룩한 자리입니다.

● 원수를 위한 기도의 비밀

때로는 저를 힘들게 했던 사람들, 제 마음에 깊은 상처를 남겼던 이들까지도 이 자리에서는 '원수'가 아니라 '기도의 제목'으로 올려놓습니다. 처음에는 그들을 위해 기도한다는 것이 쉽지 않았습니다. 그러나 그때마다 저는 예수님의 말씀을 붙듭니다. "너희 원수를 사랑하며 너희를 박해하는 자를 위하여 기도하라"(마 5:44).

이 말씀을 붙들고 기도하기 시작하면 신비한 변화가 일어납니다. 하나님께서 상대방을 바꾸실 수도 있지만 그보다 먼저 나를 변화시키십니다. 내가 나를 힘들게 한 사람을 위해 진심으로 기도하기 시작하면 하나님은 그 사람보다 먼저 내 마음을 만지십니다. 놀랍게도 상대의 상황이 달라지지 않아도 그를 향한 나의 시선이 달라집니다. 원망으로 굳어 있던 마음이 서서히 부드러워지고 미움이 있던 자리에 긍휼과 이해가 스며듭니다. 분노가 누그러지고 억울함의 무게가 가벼워지며 오해의 벽이 허물어집니다. 결국 그를 향해 연민과 사랑이 싹트기 시작합니다.

기도는 다른 이를 위한 통로이면서 동시에 제 영혼이 치유되는 은혜의 자리입니다. 그러므로 분향단 앞에서 드리는 기도는 단순히 '남을 위한 기도'가 아닙니다. 이곳은 하나님의 마음을 배우는 자리 그리고 내 영혼이 회복되는 자리입니다. 내가 누군가를 위해 축복을 구할 때 하나님은 내 영혼 안에도 그 축복의 씨앗을 심으십니다.

성경은 이 진리를 수많은 이야기로 증언합니다. 요셉은 형제들에게 버림받아 노예로 팔리고 모함을 받아 감옥에 갇히는 억울한 고난을 겪었습니다. 그러나 그는 복수를 택하지 않았습니다. 오히려 자신을 해한 형제들을 위해 울며 중보했고 마침내 이렇게 고백했습니다. "당신들은 나를 해하려 하였으나 하나님은 그것을 선으로 바꾸사 오늘과 같이 많은 백성의 생명을 구원하게 하시려 하셨나니"(창 50:20). 이 고백은 원수를 향한 용서의 선언이자 하나님의 섭리를 믿는 자의 고백이었습니다.

스데반 집사 역시 그랬습니다. 그는 돌에 맞아 죽어가면서 마지막 숨으로 이렇게 기도했습니다. "주여 이 죄를 그들에게 돌리지 마옵소서"(행 7:60). 그의 기도는 단순히 원수들을 위한 자비의 기도가 아니었습니다. 그것은 억울함과 두려움의 결박을 끊어내는 자유의 기도였습니다. 죽음 앞에서도 그는 미움이 아니라 사랑으로, 저주가 아니라 축복으로 마지막을 채웠습니다. 그 순간 스데반의 영혼은 세상 그 누구보다도 자유로웠습니다.

그리고 예수님께서는 십자가 위에서 이렇게 기도하셨습니다. "아버지 저들을 사하여 주옵소서 자기들이 하는 것을 알지 못함이니이다"(눅 23:34). 그 기도는 인류 전체를 향한 구원의 통로가 되었고 지금까지도 하나님의 용서의 문을 활짝 열어놓고 있습니다.

이처럼 원수를 위한 기도는 단순히 상대방을 변화시키는 도구에 그치지 않습니다. 오히려 먼저 내 마음을 해방시키는 은혜의 통로입니다. 내가 기도할 때 하나님은 내 영혼의 굳은 돌을 제거하시고 그 자리에 긍휼과 사랑을 심으십니다. 기도는 결국 나를 묶고 있던 미움의 결박을 끊어내고 주님의 사랑을 더 깊이 체험하게 하는 길이 됩니다.

● 생각을 바꾸는 결단

"저는 그 사람을 위해 도저히 기도할 수 없습니다. 상처가 너무 깊습니다." 이렇게 고백하는 분들이 있을 것입니다. 그 마음은 충분히 이해할 만합니다. 인간의 감정은 쉽게 변하지 않고 누군가가 남긴 깊은 상처는 오랫동안 마음속에 흔적으로 남기 때문입니다. 억지로 잊으려 하면 할수록 더 선명하게 떠오르고 용서하려 애써도 감정은 쉽게 따라오지 않습니다. 그래서 우리는 때로 '나는 결코 그 사람을 용서할 수 없어'라는 결론에 이르기도 합니다.

그러나 하나님은 우리에게 그 감정을 억지로 바꾸라고 강요하지 않으십니다. 하나님께서 원하시는 것은 감정의 즉각적인 변화가 아니라 생각의 방향을 바꾸는 결단입니다. 다시 말해 용서의 감정이 생기지 않아도 먼저 용서를 선택하는 것입니다. 마음은 여전히 아프고 감정은 무겁지만 그 순간 이렇게 고백하는 것입니다.

"주님, 저는 미워하기보다 축복하기로 선택합니다."

이 짧은 한마디는 단순한 자기 위로나 자기 암시가 아닙니다. 그것은 성령께서 역사하실 수 있는 믿음의 문을 여는 행위입니다. 우리가 결단으로 내딛는 그 한걸음이 하나님께서 마음을 새롭게 빚으시는 치유의 시작점이 됩니다. 성령은 우리가 내린 선택을 따라 우리의 마음을 부드럽게 다듬으십니다. 어느 순간 억눌린 분노가 풀리고 닫혀 있던 마음이 열리며 상대를 향해 새로운 시선이 열리게 하십니다.

● 중보기도는 결국 나의 회복

중보기도는 결코 타인만을 위한 행위로 끝나지 않습니다. 분향단 앞에서 드리는 기도는 내 영혼 깊은 곳을 변화시키는 은혜의 통로가 됩니다. 내가 다른 사람의 이름을 불러 기도할 때 하나님은 그 기도를 통해 먼저 내 마음을 만지십니다. 쌓였던 미움이 사라지고 굳어 있던 마음이 부드러워지며, 오래된 상처가 서서히 치유됩니다. 그래서 분향단은 '타인을 위한 자리'이면서 동시에 '내가 회복되는 자리'입니다.

저는 이 자리에서 다양한 마음으로 기도합니다. 때로는 눌린 감정이 터져 눈물이 흐르고 때로는 지쳐 이름만 겨우 부를 때도 있습니다. 또 어떤 날은 하나님의 은혜로 감사와 기쁨이 넘쳐 흐르며 간절히 기도합니다. 그때의 중보는 더 이상 의무가 아니라 살아 계신 하나님 앞에서 드리는 사랑의 호흡이 됩니다. 숨 쉬듯 자연스럽고 사랑하듯 자발적인 기도로 변합니다.

혹시 지금 당신의 마음에도 풀리지 않은 관계가 있습니까? 용서하지 못한 사람, 오해가 깊어진 친구, 다가가기조차 어려운 가족이 있습니까? 그 이름을 오늘 분향단 위에 올려놓으십시오. 주님의 이름으로 불러 기도하는 순간 말로 다할 수 없는 주님의 위로와 하늘의 능력이 마음에 임할 것입니다.

성막에서 기도를 배우다

분향단은 사랑을 배우는 자리입니다. 내 힘으로는 불가능했던 사랑을 주님의 은혜 안에서 조금씩 가능하게 만들어 가는 훈련의 자리입니다. 또한 분향단은 진정한 자유로 들어가는 문입니다. 미움과 원망은 나를 묶지만 중보기도는 그 결박을 끊고 자유롭게 합니다. 결국 이곳에서 올려지는 기도는 단순한 말의 나열이 아닙니다. 그것은 하나님께 향기로 드려지는 제물이며 나와 이웃을 함께 주님의 품으로 이끄는 거룩한 통로가 됩니다.

묵상 가이드

• 지금 내가 마음을 열고 축복해야 할 사람은 누구입니까?

• 미움과 상처 대신 축복을 선택하기 위해, 나는 오늘 어떤 결단
의 기도를 드릴 수 있을까요?

9

8단계: 지성소
예배의 기도

● ● ●

"너는 지성소에 있는 증거궤 위에 속죄소를 두고."

출애굽기 26장 34절

성막의 마지막 지점은 두꺼운 휘장 너머 세상과 철저히 구별된 가장 거룩한 장소, 곧 지성소The Holy of Holies입니다. 이곳은 단순히 성막의 끝이 아니라 온 세상의 중심과 같은 자리였습니다. 그곳은 하나님의 거룩한 임재가 실제로 머무는 자리였기 때문입니다. 성경은 그 신비한 임재를 '카보드' 곧 영광이라 부릅니다. 눈에 보이지 않는 하나님께서 은혜로 당신의 영광을 드러내시고 인간과 실제로 만나주시는 공간이 바로 지성소입니다.

지성소 안에는 언약궤(법궤)가 있었고, 그 위에는 금으로 만든 속죄소mercy seat가 덮여 있었습니다. 그 속죄소 위로 하나님의 영광이 임했습니다. 언약궤는 크기로 보면 불과 0.6미터×0.9미터 남짓한 작은 상자에 불과했지만 그 위에 임하신 하나님의 영광은 우주의 광활함보다 크고 세상의 어떤 권세도 견줄 수 없는 위엄이었습니다. 작고 겸손한 상자 위에 머무셨지만 온 우주를 가득 채우는 하나님의 무한한 영광이 드러나 있었습니다.

그러나 아무나 이 지성소에 들어갈 수는 없었습니다. 오직 대제사장 한 사람만이, 그것도 일 년에 단 한 번, 대속죄일에만 그곳에 들어갈 수 있었습니다. 그때도 그는 짐승의 피를 가지고 자기와 백성의 죄를 위해 속죄해야 했습니다. 자백하지 않은 죄를 품은 채 들어가면 그는 즉시 하나님의 거룩한 임재 앞에서 죽음을 맞게 됩니다. 이것은 단지 율법의 엄격함을 보여주기 위한 것이 아니라 하나님의 거룩함이 얼마나 철저한지 그리고 죄가 그분의 임재 앞에서 결코 설 수 없음을 보여주는 상징이었습니다. 하나님은 결코 불순함과 타협하지 않으시며 죄는 그분의 영광 앞에서 한순간도 버틸 수 없습니다.

● 인류 역사상 가장 위대한 개방

그러나 십자가 위에서 예수님께서 마지막 호흡으로 "다 이루었다It is finished"라고 외치신 그 순간 인류 역사에서 전례 없는 놀라운 사건이 일어났습니다. 성소와 지성소를 가로막던 두꺼운 휘장이 위에서 아래로 찢어진 것입니다(마 27:51).

이 휘장은 단순한 장식용 커튼이 아니었습니다. 길이 약 18

미터, 두께가 손바닥만큼 두꺼운 견고한 장벽으로 인간의 힘으로는 결코 찢을 수 없는 구조물이었습니다. 그것은 곧 죄인인 인간과 거룩하신 하나님 사이를 가로막는 장벽을 상징했습니다. 아무리 제사를 드리고 선한 행위를 쌓더라도 인간의 힘으로 그 휘장은 결코 열리지 않았습니다.

그런데 예수님이 십자가에서 숨을 거두시던 바로 그때 휘장이 위에서 아래로 찢어졌습니다. 이는 단순한 물리적 사건이 아니라 하나님께서 친히 행하신 구속 선언이었습니다. 마치 하나님께서 온 인류를 향해 이렇게 선포하시는 것 같습니다.

"이제는 누구든지, 언제든지, 내 임재 앞에 나아올 수 있다. 내 아들의 피가 너희를 온전히 깨끗하게 하였기 때문이다."

그 순간부터 지성소는 더 이상 대제사장만이 들어갈 수 있는 제한된 공간이 아니었습니다. 이제는 누구든지 어떤 상황에 있든지 예수 그리스도의 보혈을 힘입어 하나님 앞에 담대히 설 수 있는 길이 열렸습니다.

히브리서 기자는 이 놀라운 은혜를 이렇게 선포합니다. "그러므로 교우 여러분, 우리는 예수의 피를 힘입어서, 담대하게 지성소에 들어가게 되었습니다. 예수께서는 휘장을 꿰뚫어서, 우리에게 새로운 살 길을 열어 주셨습니다. 그런데 그 휘장은 곧 그의 육체입니다. 그리고 우리에게는 하나님의 집을 다스리시는 위대한 제사장이 계십니다. 그러니 우리는 확고한 믿음을 가지고, 참된 마음으로 하나님께 나아갑시다. 우리는 마음에다가 예수의 피를 뿌려서, 죄책감에서 벗어나고, 맑은 물로 몸을 깨끗이 씻었습니다."(히 10:19-22, 표준새번역).

이것은 단순히 한 민족을 위한 특권이 아니라, 모든 민족과 세대에게 주어진 은혜의 초청장이었습니다. 만약 성막의 휘장이 여전히 닫혀 있다면 우리는 하나님을 멀리서 바라볼 수밖에 없는 존재로 남았을 것입니다. 그러나 이제는 십자가의 보혈로 인해 아버지의 집으로 들어가는 문이 활짝 열렸습니다.

한 신학자는 이렇게 묘사했습니다. "하나님께서 휘장을 찢으신 것은 마치 오랫동안 닫혔던 집의 문을 활짝 열고 '어서 오너라, 이제 이 집은 너희의 집이다'라고 부르신 사건과 같다."●

그렇습니다. 십자가 위에서 휘장이 찢어진 날은, 하나님께서 인류를 향해 '오픈 하우스'Open House를 선포하신 날이었습

● Daniel M. Gurtner, *The Torn Veil: Matthew's Exposition of the Death of Jesus*, Cambridge univercity press, 2006. 이 책에서 Gurtner는 그리스도의 죽음을 하나님과 인간 사이의 접근(access)의 문을 여는 'Open House' 사건으로 해석한다.

니다. 더 이상 특별한 사람만 들어갈 수 있는 것도, 일 년에 단한 번만 가능한 것도 아닙니다. 이제는 오늘 이 자리에서 우리는 언제든지 하나님의 임재로 들어갈 수 있습니다. 지성소는 더이상 두려움의 상징이 아닙니다. 그곳은 하나님의 자녀가 마음껏 나아가 예배하고 교제할 수 있는 사랑의 자리 곧 하나님과의 영원한 연합이 이루어지는 자리가 되었습니다.

● 예배의 본질

지성소는 더 이상 성막 안의 물리적 공간이 아닙니다. 예수그리스도의 십자가 사건 이후, 지성소는 곧 참된 예배의 자리, 하나님의 임재가 실제로 임하는 영적인 공간이 되었습니다. 이제는 동물의 피로 속죄할 필요도, 대제사장이 대신 들어가야 할이유도 없습니다. 예수 그리스도의 보혈을 의지하는 모든 성도가 언제든지, 담대히, 하나님의 보좌 앞으로 나아갈 수 있게 되었습니다.

그래서 저는 지성소 앞에 설 때마다 이렇게 고백합니다. "주님, 이제는 아무 장벽 없이 주님 앞에 설 수 있는 은혜에 감사합니다. 저는 단순한 종이 아니라 하나님의 자녀로 부름받았습니다. 주님의 영광 앞에서 제 삶 전체를 예배로 드립니다."

예배는 내가 원하는 방식이 아니라 하나님께서 원하시는 방식으로 드리는 것입니다. 식당 손님이 메뉴를 고르는 것이 아니라 주방장이 정한 방식대로 최고의 요리를 받듯 예배의 주체는 나 자신이 아니라 하나님이십니다. 나는 그분의 기쁨을 위해 섬기는 종이며 예배는 내 감정이나 취향을 채우는 시간이 아니라 하나님의 뜻과 말씀에 순종하는 시간입니다.

성경은 예배의 다양한 형태를 보여줍니다. 시편은 그야말로 예배의 교과서입니다. 어떤 때는 손뼉 치며 찬양하고(시 47:1), 어떤 때는 무릎 꿇고 경배하며(시 95:6), 어떤 순간에는 침묵 가운데 하나님의 임재를 느끼고(시 46:10), 또 다른 순간에는 큰 소리로 환호하며(시 100:1) 하나님께 영광을 올립니다.

이것이 바로 지성소에서 드리는 예배의 본질입니다. 예배는 단순한 의식이 아니라 하나님이 기뻐하시는 방식으로 나 자신을 드리는 삶의 고백입니다. 장소와 형식에 갇히지 않고 온 마음과 온 힘을 다해 하나님을 높이고 그분의 영광을 드러내는 행위입니다. 그러므로 지성소는 '하나님이 영광을 받으시는 자리'이자 '내 영혼이 새로워지는 자리'입니다. 예배 가운데 우리는 하나님의 영광을 체험하고 그분의 임재 속에서 내면이 변화하고 다시 일어설 힘을 얻습니다.

● 임재 속에서의 변화

지성소의 가장 큰 은혜는 그곳에서 내가 변화된다는 것입니다. 예배는 단순히 노래를 부르고 의식을 치르는 시간이 아닙니다. 그것은 하나님의 실제적인 임재 속으로 들어가 그분과 친밀히 교제하는 자리입니다.

지성소에서 하나님의 영광을 경험할 때 내 마음속 깊은 곳에 자리 잡은 두려움이 하나씩 사라집니다. 오랫동안 짊어지고 있던 무거운 짐들이 풀려나고 억눌러 왔던 눈물이 터져 나오기도 합니다. 말로 다 표현할 수 없는 평안이 마음을 덮을 때 하나님께서 지금 이 순간 나와 함께하시며 내 삶을 품고 계신다는 확신이 밀려옵니다. 그때 나는 다시 세상을 향해 담대히 나아갈 힘을 얻습니다.

바울은 로마서에서 이렇게 선언했습니다.
"누가 우리를 그리스도의 사랑에서 끊으리요?"(롬 8:35).

지성소에서 경험하는 하나님의 사랑은 결코 끊어지지 않는 사랑입니다. 그 사랑은 상황에 흔들리지 않고 세상의 고난과 권세조차도 막을 수 없는 영원한 사랑입니다. 나는 그 사랑 안에서 새로워지고 그 사랑을 붙잡은 채 세상으로 다시 나아갑니다.

● 영광의 지성소로 나아가라

지성소는 성막의 끝이자 기도 여정의 절정입니다. 이곳은 하나님을 대면하는 자리이자 예배의 본질을 회복하는 자리입니다. 예수 그리스도의 보혈 덕분에 이제 우리는 언제든지 담대히 이 거룩한 지성소로 들어갈 수 있습니다. 두려움에 머물 필요도, 장벽에 막힐 이유도 없습니다. 십자가의 피가 이미 그 길을 완전히 열어 놓았기 때문입니다.

그래서 저는 지성소에서 이렇게 기도합니다. "주님, 주님의 영광 안에 거하게 하소서. 주님의 임재가 제 삶을 덮게 하소서. 이 자리에서 제 영혼이 온전히 주님께 드려지게 하소서."

지성소의 예배는 끝이 아니라 새로운 시작입니다. 이곳에서 하나님의 영광을 경험한 우리는 다시 세상으로 나아가 빛과 사랑을 전하는 사람으로 살아갑니다. 세상 속에서의 나의 삶은 더 이상 나 자신을 위한 삶이 아니라 지성소에서 받은 사랑과 은혜를 세상으로 흘려보내는 삶이 됩니다.

성막에서 기도를 배우다

묵상 가이드

· 오늘 나는 하나님의 임재 앞에서 어떤 태도로 서 있습니까?

· 내가 드리는 예배는 정말 하나님이 원하시는 방식입니까 아니면 나의 습관과 취향에 따라 드리고 있습니까?

10

일상에서의 성막 기도

기도의 여정이 지성소에 이르렀을 때 우리는 한 가지 분명한 진리를 기억해야 합니다. 예수 그리스도께서 십자가에서 모든 구속의 일을 완전히 이루셨다는 사실입니다. 그분의 보혈로 말미암아 이제 우리는 더 이상 하나님의 임재를 경험하기 위해 형식적이고 복잡한 절차를 따를 필요가 없습니다. 번제단에서 희생 제물을 드릴 필요도 물두멍 앞에서 정결 의식을 행할 의무도 없습니다. 진설병 상과 분향단 앞에서 시간을 맞추어 예식을 행할 이유도 사라졌습니다.

그 모든 제도와 규례는 오직 하나의 사건으로 완성되었습니다. 십자가 위에서 휘장이 위에서 아래로 찢어지고, 예수님께서 "다 이루었다It is finished"라고 외치신 그 순간 하나님께서 친히 온 세상을 향해 선포하셨습니다.

"이제 누구든지, 언제든지, 담대히 내 보좌 앞으로 나아올 수 있다. 내 아들의 피가 너희를 온전히 깨끗하게 하였기 때문이다."

이제 우리는 더 이상 제사장에게 의존하지 않습니다. 기도의 길은 완전히 열렸고 그 길의 이름은 곧 예수 그리스도입니다.

● 성막 기도의 실제적 유익

저는 한 가지 분명히 고백할 수 있습니다. 오늘날 우리는 복잡한 제의 절차가 필요 없는 시대를 살고 있지만 성막의 여정을 따라 드리는 기도는 여전히 제 영혼에 큰 유익을 줍니다. 이 방식은 분주한 일상에서 마음을 가라앉히고 하나님의 임재를 더 깊이 인식하며 영적인 초점을 선명하게 맞추게 하는 강력한 도구가 되어주기 때문입니다.

사실 하나님께서 우리를 멀리하신 적은 없습니다. 문제는 언제나 우리의 분주함과 산만함입니다. 하나님은 여전히 그 자리에 계시지만 우리의 마음이 흩어져 그분의 임재를 감지하지 못할 때가 많습니다. 바로 그때 성막 기도는 흩어진 시선을 다시 하나님께로 모아주는 은혜의 길잡이가 됩니다. 성막 기도는 산만한 영혼을 주님의 임재 안으로 이끌어줍니다.

● 일상 속에서 드려지는 성막기도

성막기도는 긴 시간을 들여야만 가능한 형식적인 의식이 아닙니다. 짧은 순간에도 출근길이나 잠들기 전의 고요한 시간에도 그 순서를 따라 기도하면 마음이 정돈되고 삶의 중심이 회복됩니다. 여유로운 날에는 감사의 문에서 시작해 지성소에 이르기까지 마치 성소의 뜰을 천천히 걸어가듯 한 단계 한 단계 주님 앞에 나아갈 수 있습니다.

어떤 날은 중보해야 할 기도 제목들이 마음에 무겁게 다가와 분향단 앞에서 오래 머무를 때가 있습니다. 또 어떤 날은 감사가 넘쳐 처음부터 눈물로 기도가 터져 나오기도 합니다. 기도의 길이는 중요하지 않습니다. 중요한 것은 그 여정이 결국 나를 지성소 곧 하나님의 임재 앞으로 이끈다는 사실입니다. 기도는 하나님께서 내 마음을 빚어가시는 시간입니다. 기도의 여정을 마친 뒤 저는 언제나 이렇게 고백합니다.

"하나님께서 내 인생에 행하신 일에 감사드렸습니다.
하나님의 위대하심을 찬양했습니다.
내 죄를 자백했고 하나님의 말씀을 묵상했습니다.
나의 필요를 아뢰었고, 교회와 가족, 사역을 위해 중보했습니다. 그리고 마침내 주님의 임재 안에 머물렀습니다."

이 고백은 오늘 나의 기도가 부족했다는 자책이 아니라 '나는 오늘 하나님과 실제로 만났다'는 확신의 고백입니다. 기도 중에 잠이 쏟아졌어도 집중이 흐트러졌어도 괜찮습니다. 그 순간조차 하나님께서 내 영혼을 다루고 계셨기 때문입니다.

● 아파트 단지에서의 성막기도

성막 기도는 결코 특별한 장소나 형식에 갇힌 기도가 아닙니다. 이 기도는 교회나 기도실 안에서만 드리는 것이 아닙니다. 우리의 하루, 우리의 일상 전체가 하나님을 만나는 성막이기에 내 삶은 그분의 임재가 흐르는 은혜의 통로가 됩니다. 하루의 모든 순간 속에 감사의 문이 있고, 찬양의 뜰이 있으며, 번제단과 물두멍, 진설병 상과 금촛대, 분향단과 지성소가 있습니다.

걸음을 옮길 때도 일터에서 일할 때도 가정에서 식사를 준비할 때도, 잠들기 전의 고요한 시간에도 우리는 성막의 여정을 따라 하나님께 나아갈 수 있습니다. 이것이 바로 "쉬지 말고 기도하라"는 말씀의 실제적 의미입니다. 기도는 특정한 장소나 자세에 제한된 종교 행위가 아니라 하나님과 함께 숨 쉬는 삶의 리듬입니다.

그래서 저는 하루의 일상 속에서도 성막을 따라 기도합니다. 하루 일과를 마치고 아파트 단지를 산보할 때도 적용할 수 있습니다. 단지 입구를 지나며 기도의 첫 지점인 '감사의 문'에 섭니다. "주님, 오늘 하루를 무사히 지켜 주셔서 감사합니다. 지금 이 자리에 서 있는 것 자체가 은혜입니다." 가만히 생각해보면 숨 쉬고 기분 좋게 걸을 수 있는 것만으로도 감사가 터져 나옵니다.

잠시 걷다 보면 놀이터 앞에서 아이들의 웃음소리가 들립니다. 그때 자연스레 '찬양의 뜰'로 들어섭니다. "주님, 아이들의 웃음 속에 주님의 생명과 기쁨이 있습니다. 주의 인자하심이 아침마다 새롭고 주의 성실하심이 큽니다."

조금 더 걷다 보면 쓰레기 분리수거장이 보입니다. 그곳은 자연스레 제게 '번제단'으로 다가옵니다. 하루 동안 마음속으로 흘렀던 생각, 말, 태도를 돌아보며 이렇게 고백합니다. "주님, 오늘 하루 제 마음에 쌓였던 불평과 조급함, 용서하지 못한 감정을 이 자리에서 주님 앞에 내려놓습니다. 저를 깨끗하게 씻어주옵소서."

이어서 단지의 꽃길을 따라 걸을 때는 '물두멍' 앞에 선 듯한 마음이 듭니다. 아침에 묵상했던 말씀 한두 구절을 떠올리며 되새깁니다. "주의 말씀은 내 발의 등이요, 내 길의 빛입니다. 오늘도 그 말씀이 제 걸음을 인도하셨습니다."

이제 마트 앞을 지나며 생활의 필요와 현실적인 걱정들이 떠오를 때 그 자리는 곧 '진설병 상'이 됩니다. 생활비, 자녀 교육, 노후 문제, 건강과 관련된 개인적인 기도 제목들이 자연스럽게 떠오릅니다. "주님, 제게 필요한 것을 아시는 주님, 오늘도 공급해 주실 줄 믿습니다. 제 삶의 모든 필요를 주님께 올려드립니다."

경비실 옆을 지날 때는 목회자와 사역자, 중보기도자들, 복음을 위해 애쓰는 성도들이 한 사람씩 떠오릅니다. 그때 저는 '금촛대' 앞에 서 있는 것처럼 기도합니다. "주님, 주의 교회가 꺼지지 않는 빛으로 서게 하소서. 목회자와 사역자들에게 지혜와 담대함을, 낙심한 성도들에게 새 힘을 부어주소서."

주차장에 이르면 고요히 세워진 차들을 보며 가족들이 떠오릅니다. 이 순간은 '분향단'의 시간입니다. 가족, 친구, 이웃 그리고 마음에 불편함이 남아 있는 사람들을 위한 기도가 나옵니다. "주님, 가족과 친구, 이웃을 축복합니다. 주님의 긍휼로 덮어주시고 제 마음도 늘 열려 있게 하소서."

마지막으로 집으로 향하는 엘리베이터에 오를 때 저는 '지성소' 앞에 서 있는 듯한 마음으로 눈을 감습니다. 고요한 찬양과 눈물로 마음이 채워집니다. "주님, 오늘도 저와 동행해주셔서 감사합니다. 지금 이 순간 주님 한 분이면 충분합니다."

그렇게 단지를 한 바퀴 돌고 나면 깨닫게 됩니다. 이것은 단순한 산책이 아니라 하나님의 임재 안을 걷는 여정이었습니다. 육체와 영혼이 새 힘을 얻었고 하루의 피로는 고요한 감사와 평안으로 바뀌었습니다. 저는 그제야 알게 되었습니다. "기도는 무릎 꿇은 자세에서만 가능한 것이 아니다."

우리는 걸으면서도, 숨 쉬면서도, 밥을 짓고 운전하고 일하는 그 순간에도 얼마든지 성막을 따라 하나님께 나아갈 수 있습니다. "쉬지 말고 기도하라." 이 말씀은 이제 더 이상 부담스러운 명령이 아닙니다. 오히려 매일의 삶이 자연스럽게 흘러가는 영적 호흡의 리듬, 하나님과 동행하는 삶의 새로운 방식이 되었습니다.

● 일상의 모든 자리가 지성소가 된다

이 깨달음은 제 일상의 아주 사소한 습관들까지 바꾸어놓았습니다. 이제는 청소나 운동 같은 일상적인 일조차 하나님의 임재를 경험하는 예배의 순간이 됩니다. 청소기를 밀며 '감사의 문'에 서고, 설거지를 하며 '물두멍' 앞에 서며, 아이들 방을 정리하면서 '금촛대' 앞에서 사역자들을 위해 기도합니다. 운동장에서 한 바퀴, 또 한 바퀴를 돌 때마다 성막의 단계를 따라 기도하면 지루하던 달리기가 거룩한 예배의 시간이 됩니다.

예전에는 청소가 참 귀찮고 힘든 일이었습니다. 그러나 성막을 따라 기도할 수 있다는 것을 깨닫고 나서부터 그 시간이 주님과 가장 깊이 만나는 교제의 시간으로 변했습니다.

- 거실에서 청소기 밀며: 문 – 하나님께 감사
- 거실을 닦으며: 성막의 뜰 – 하나님의 성품을 찬양
- 욕실에서: 번제단 – 죄를 자백(이보다 적절한 장소가 있을까요?)
- 부엌에서 설거지하며: 물두멍 – 말씀 묵상
- 식탁에서: 진설병 상 – 나의 필요를 아룀
- 자녀 방에서: 금촛대 – 사역과 교회를 위한 중보기도
- 침실에서: 분향단 – 가족, 친구, 자녀를 위한 중보기도
- 마지막으로: 지성소 – 예배하며 주님의 임재를 누림

청소는 더 이상 육체적으로 힘든 노동이 아니라 주님의 임

성막에서 기도를 배우다

재 안에서 영혼이 쉬는 시간이 되었습니다.

한때 집 근처 초등학교 운동장을 도는 일도 지루하게 느껴졌습니다. 하지만 성막 기도를 적용해보니 달리기가 오히려 하나님과 동행하는 예배의 길이 되었습니다.

- 1바퀴: 문 – 하나님께 감사
- 2바퀴: 성막의 뜰 – 하나님의 성품을 찬양
- 3바퀴: 번제단 – 죄를 자백(속도가 줄어듭니다!)
- 4바퀴: 물두멍 – 말씀 한두 구절 묵상
- 5바퀴: 진설병 상 – 개인적인 필요를 아룀
- 6바퀴: 금촛대 – 사역자, 선교사, 복음 전도자를 위한 중보
- 7바퀴: 분향단 – 가족, 친구, 이웃, 원수를 위한 중보
- 8바퀴: 지성소 – 예배하며 주님의 영광을 누림

8바퀴, 약 3킬로미터를 돌고 나면, 이것은 단순한 운동이 아니라 하나님의 임재 속으로 들어가는 여정이었다는 것을 깨닫게 됩니다.

이 기도 방식을 따르면 기도가 산만하거나 막연하게 흘러가기 쉬울 때도 명확한 순서와 흐름 속에서 실제적인 영적 교제

를 경험하게 됩니다. 각 지점마다 3~4분씩만 머물러도 30분이 금세 지나가며, 기도를 마친 후에는 "무슨 기도를 했더라?"라는 공허함 대신 정돈된 마음, 충만한 평안 그리고 하나님과의 실제적 만남이 남습니다. 바울이 말한 "쉬지 말고 기도하라"(살전 5:17)는 말씀은 더 이상 부담스러운 명령이 아니라 삶 전체를 아우르는 '기쁨의 호흡'이 됩니다.

성막 기도는 그저 옛 이스라엘의 제사 절차를 모방하는 것이 아닙니다. 이것은 우리의 일상에서 하나님 임재를 자각하게 하고 삶의 모든 자리를 지성소로 바꾸는 은혜의 길입니다. 걷든, 청소하든, 운동하든, 아이를 데리러 가든, 그 모든 순간이 예배의 자리가 될 수 있습니다. 기도는 더 이상 특정한 시간과 공간에 묶인 행위가 아닙니다. 우리가 서 있는 그 자리, 그 시간이 곧 하나님의 임재가 머무는 움직이는 지성소입니다.

묵상 가이드

· 나는 일상에서 성막 기도를 어떻게 적용할 수 있을까요?

· 반복되는 습관과 바쁜 일상에서도 어떻게 하나님과의 대화를
  이어갈 수 있을까요?

11

요약

성막을 따라 드리는
기도의 실제

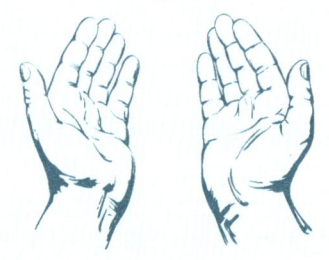

성막을 따라 드리는 기도는 형식적인 절차가 아니라 하나님께 나아가는 마음의 여정입니다. 감사의 문에서 시작된 발걸음은 찬양의 뜰을 지나 회개의 자리로 향하고 말씀의 물두멍에서 영혼을 씻으며 간구와 중보를 거쳐 마침내 예배의 자리로 나아갑니다. 이 여정은 단순한 기도 순서가 아니라 하나님과의 관계가 깊어지는 사랑의 순례길입니다.

성막의 여덟 단계는 우리의 하루와 닮아 있습니다. 감사로 하루를 열고, 찬양으로 하나님을 높이며, 회개와 말씀 묵상, 간구와 중보 그리고 예배로 하루를 마무리하는 영적인 호흡의 리듬입니다. 성막 기도는 흩어진 마음을 모으고 분주한 일상 속에서도 하나님 임재를 생생하게 느끼게 합니다. 기도할수록 하나님은 멀리 계신 분이 아니라 지금 이 자리에서 나와 함께하시는 분임을 깨닫습니다. 그 길을 걸을수록 기도는 의무가 아니라 기쁨이 되고 하나님과의 대화는 점점 더 친밀해집니다.

문에서 시작된 감사는 지성소에서의 경배로 완성되며 그 여정 안에서 우리의 마음은 한 걸음씩 하나님께로 정돈되어 갑니다. 이제 성막의 여덟 단계를 다시 따라가며 하나님께 나아가는 기도의 실제를 함께 걸어가 봅시다.

◇ 성막 기도의 여덟 단계 요약

1. 문Gate → 하나님께서 행하신 모든 일에 감사하십시오.

2. 성막의 뜰Courtyard → 하나님이 어떤 분이신지 찬양하십시오.

3. 번제단Brass Altar → 구체적인 죄를 자백하고, 용서받았음을 믿음으로 고백하십시오.

4. 물두멍Brass Laver → 말씀 한두 구절을 묵상하며 하나님의 음성에 귀 기울이십시오.

5. 진설병 상Table of Showbread → 자신의 필요와 마음의 갈급함을 솔직히 아뢰십시오.

6. 금촛대Golden Candlestick → 사역자, 선교사 그리고 세상에서 주님의 빛을 비추는 이들을 위해 기도하십시오.

7. 분향단Altar of Incense → 가족, 친구, 이웃, 심지어 원수들까지도 사랑으로 중보기도 하십시오.

8. 지성소Holy of Holies → 하나님의 임재 안에서 예배와 경배로 마무리하십시오.

성막에서 기도를 배우다

•1단계 - 감사의 문(The Gate)

"하나님, 오늘도 새로운 하루를 선물로 주셔서 감사합니다. 이 아침 건강히 눈을 뜨게 하시고 숨 쉬게 하시며 사랑하는 가족이 곁에 있도록 허락하심에 감사합니다. 하나도 당연한 것이 없음을 고백합니다. 내가 가진 모든 것, 누리고 있는 모든 환경, 함께하는 사람들 모두가 주님의 은혜임을 인정합니다. 감사의 마음으로 오늘 주님 앞에 나아갑니다."

•2단계 - 찬양의 뜰(The Courtyard)

"주님, 주님은 선하시고 신실하신 분이십니다. 주님은 어제도 오늘도 그리고 영원토록 동일하시며 전능하시고 거룩하신 분이십니다. 비록 저는 상황에 따라 흔들릴지라도 주님은 변함없이 저를 붙드십니다. 이 시간 주님의 이름을 높이며 찬양합니다. 거룩 거룩 거룩 전능하신 주님, 그 이름을 경배합니다."

•3단계 - 번제단(The Brass Altar)

"주님, 오늘도 저의 죄를 고백합니다. 어제 무심코 던진 말한마디로 누군가의 마음을 아프게 했던 순간이 떠오릅니다. 마음속 깊은 곳에 자리한 교만, 비난, 미움의 조각들을 주님 앞에

낱낱이 내려놓습니다. 이 모든 것이 죄임을 인정합니다. 주님, 저를 정결하게 하소서. 예수님의 보혈로 제 마음을 씻어주시고, 이제 '용서받은 자'로 담대히 살아가게 하소서. 감사합니다, 주님."

● 4단계 - 물두멍(The Brass Laver)

"오늘 제 마음에 떠오르는 말씀은 시편 23편입니다. '여호와는 나의 목자시니 내게 부족함이 없으리로다.' 요즘 제 마음은 여러 가지 부족함에 사로잡혀 있었습니다. 그러나 주님이 목자이시라면 저는 이미 모든 것을 가진 자입니다. 주님, 이 말씀이 오늘 제 생각과 말과 행동의 중심이 되게 하소서. 말씀으로 제 마음을 깨끗이 씻어주소서."

● 5단계 - 진설병 상(The Table of Showbread)

"사랑의 아버지, 지금 제 안에 있는 무거운 필요를 주님께 올려드립니다. 다가오는 중요한 결정에 지혜가 필요합니다. 가정의 형편도, 자녀의 건강과 미래도 모두 주님께 맡깁니다. 주님이 저보다 저를 더 잘 아시며 가장 좋은 것으로 채워주시는 분임을 믿기에 염려를 내려놓습니다. '오늘 우리에게 일용할 양식을 주시옵고,' 이 말씀을 붙잡으며 오늘도 주님을 의지합니다."

●6단계 - 금촛대(The Golden Candlestick)

"주님, 오늘은 특별히 주의 사역자들과 교회를 위해 기도드
립니다. 담임목사님께 말씀의 능력과 새 힘을 부어주시고 교회
학교 교사들에게는 다음 세대를 세울 지혜와 인내를 허락해주
세요. 선교지에서 수고하는 선교사님들에게 보호와 공급의 은
혜를, 이 땅의 모든 복음의 일꾼들에게 성령의 충만함을 더해
주소서. 그들의 사역을 통해 꺼져가는 믿음의 불빛이 다시 타오
르고 많은 영혼이 주께로 돌아오게 하소서."

●7단계 - 분향단(The Altar of Incense)

"주님, 지금 제 마음에 떠오르는 이들을 주님께 올려드립니
다. 사랑하는 가족과 친구들 그리고 아직 주님을 알지 못하는
○○의 이름을 올려드립니다. 그의 삶에 복음의 빛이 비추어지
게 하소서. 또한 마음의 상처를 남긴 ○○도 주님 앞에 올려드
립니다. 아직 감정이 다 회복되지는 않았지만 주님이 저를 용서
하셨듯 저도 용서하기를 선택합니다. 그의 삶에도 주님의 은혜
와 회복이 넘치게 하소서."

● 8단계 - 지성소(The Holy of Holies)

"주님, 이제 더 이상 어떤 말도 필요하지 않습니다. 그저 이 순간, 주님의 거룩한 임재 안에 머물고 싶습니다. 조용히 마음을 열고 엎드려 경배합니다. 주님, 제가 주님 안에 있고, 주님이 제 안에 계심을 믿습니다. 이 고요한 임재가 제 하루를 감싸게 하소서. 주님, 주님만이 제 전부이십니다. 이 순간이 제게 가장 귀하고 소중합니다."

성막에서 기도를 배우다

하나님의 임재는 추상적인 개념
이 아닙니다. 그것은 실제이며, 경험할 수 있으며, 우리 삶의 중
심이 되어야 할 신앙의 궁극적 목적입니다. 이 책의 여정은 바
로 그 임재를 갈망하는 이들을 위한 길이었습니다. 하나님께서
명하신 성막의 순서를 따라 한 걸음 한 걸음 기도의 단계를 밟
아 나아갈 때 우리는 어느새 거룩하신 하나님 앞에 서 있는 자
신을 발견하게 됩니다.

성막은 단지 구약의 제도나 의식으로 그치지 않습니다. 그
것은 오늘 우리에게 주어진 살아 있는 기도 로드맵입니다. 문에
서 시작해 지성소에 이르기까지 하나님은 우리를 부르시고 정
결케 하시며 마침내 당신의 임재로 초대하십니다.

이제 당신은 성막 기도의 여정을 완주했습니다. 감사로 들
어섰고 찬양으로 하나님을 높였으며 죄를 고백하고 말씀을 묵

상했고, 필요를 아뢰고 교회를 위해 기도했으며, 타인을 중보하다가 마침내 그분의 영광 가운데 머물렀습니다.

이 여덟 걸음은 따로 떨어진 과정이 아니라 하나의 영적 호흡으로 이어지는 리듬입니다. 숨을 들이쉬고 내쉬듯 이 기도는 자연스럽고 유기적으로 이어집니다. 어떤 날은 감사의 문 앞에서 오래 머무를 수 있고, 또 어떤 날은 중보의 자리에서 눈물로 향을 피울 수도 있습니다. 혹은 침묵 속에서 곧바로 지성소로 들어가 하나님과 대면하는 시간이 필요할 때도 있습니다.

그러나 순서보다 더 중요한 것은 방향입니다. 성막 기도의 길을 따라갈수록 우리의 마음은 정돈되고 교제는 깊어지며 무엇보다 삶의 중심이 하나님께로 다시 맞춰집니다. 그 여정은 '해야 하는 기도'에서 '머물고 싶은 시간'으로 변화됩니다.

이 기도를 반복할수록 각 단계의 체험은 더욱 깊어지고 풍성해집니다. 예배당이든, 주방이든, 사무실이든, 출퇴근길이든, 심지어 병상 위에서도 성막 기도는 가능합니다. 기도는 무릎의 자세가 아니라 마음의 방향성이기 때문입니다.

이제 이 기도를 삶의 습관으로 삼으십시오. 성막 기도는 언제 어디서든 가능한 기도의 틀입니다. 중요한 것은 형식이 아니라 하나님을 향한 마음의 진실한 흐름입니다.

- 바쁜 아침, 단 5분이라도 '문'과 '뜰'에서 감사와 찬양을 올리십시오.
- 운전 중, 가족과 친구를 위한 중보의 향을 피워 보십시오.
- 저녁 식사 전, 말씀의 물두멍에서 하루를 씻어내십시오.
- 잠들기 전, 아무 말 없이 조용히 지성소에 머물며 고백하십시오. "하나님, 저 여기 있습니다."

그렇게 성막 기도는 당신의 하루를 하나님의 성전으로 바꾸는 통로가 됩니다. 이 여정을 끝까지 걸어오신 여러분은 그저 기도의 기술을 하나 더 배운 것이 아니라 하나님을 더 깊이 알게 되었습니다. 그것이 바로 기도의 본질이며 성막 기도의 참된 목적입니다.

기도란 문장을 외우는 행위가 아니라 사랑하는 하나님과의 대화이자 그분과 동행하는 삶이며, 곧 예배 그 자체입니다. 이제 당신이 어디에 있든, 어떤 상황에 있든, 하나님은 언제나 열린 성소에서 당신을 기다리고 계십니다.

그분께 가까이 나아가십시오.

그리고 다시 시작하십시오.

"그러므로 우리는 긍휼하심을 받고 때를 따라 돕는 은혜를 얻기 위하여 은혜의 보좌 앞에 담대히 나아갈 것이니라"(히 4:16).